国家出版基金项目
NATIONAL PUBLICATION FOUNDATION

河北省历史文化名镇名村及传统村落图录 ③

【邯郸 保定 沧州】

王朝红 舒平 赵春梅 编著

天津大学出版社
TIANJIN UNIVERSITY PRESS

图书在版编目（CIP）数据

河北省历史文化名镇名村及传统村落图录 . 3, 邯郸、保定、沧州 / 王朝红，舒平，赵春梅编著 . 一 天津：天津大学出版社，2019.3

ISBN 978-7-5618-6379-4

Ⅰ . ①河… Ⅱ . ①王… ②舒… ③赵… Ⅲ . ①乡镇－邯郸－图集②乡镇－保定－图集③乡镇－沧州－图集 Ⅳ . ① K922.25-64

中国版本图书馆 CIP 数据核字 (2019) 第 046293 号

出版发行　天津大学出版社
地　　址　天津市卫津路 92 号天津大学内（邮编：300072）
电　　话　发行部 022-27403647
网　　址　publish.tju.edu.cn
印　　刷　廊坊市瑞德印刷有限公司
经　　销　全国各地新华书店
开　　本　210mm × 285mm
印　　张　12.75
字　　数　301 千
版　　次　2019 年 3 月第 1 版
印　　次　2019 年 3 月第 1 次
定　　价　158.00 元

本书编委会

鸣谢单位（排名不分先后）：

河北省住房和城乡建设厅村镇建设处　河北省村镇建设促进中心　保定市住房和城乡建设局

石家庄市住房和城乡建设局　定州市住房和城乡建设局　邢台市自然资源和规划局

张家口市自然资源和规划局　唐山市住房和城乡建设局　邯郸市自然资源和规划局

沧州市住房和城乡建设局　廊坊市住房和城乡建设局　秦皇岛市住房和城乡建设局

封面插图：魏广龙

Preface

序

我国的传统村镇聚落保留着大量的物质文化遗产和非物质文化遗产，蕴藏着丰富的历史文化信息，是中华民族文化传承的物质载体，是回望历史、寄托乡愁、展望未来的精神家园。随着我国城镇化速度的加快和产业结构的调整，许多传统村镇聚落受到不同程度的影响而逐渐消失，农耕文明和乡村传统文化日渐衰微。一些得以保留且弥足珍贵的传统村镇聚落何去何从，已成为社会学、人类学、建筑学和文化遗产保护领域及社会各界广泛关注的重要议题。国家十分重视优秀民族文化的传承和发扬，为保护日渐消失的传统城镇和村落，颁布了多项保护政策，实施了一系列保护措施。2008 年 4 月，国务院颁布了《历史文化名城名镇名村保护条例》；2012 年 12 月，住房和城乡建设部、文化部、财政部三部门联合发文，公布了第一批中国传统村落名录，截至 2018 年年底已陆续公布 5 批，列入名录的传统村落达 6 799 个。

燕赵文化历史悠久，河北省目前仍保留着许多具有浓厚燕赵文化特色的传统村镇聚落。这些传统村镇聚落大多散布在冀中平原、太行山区和燕山山区，它们有些曾是富甲一方的古镇，有些曾是商旅云集的商埠，有些曾是防卫森严的城堡，还有些曾是充满诗意的田园乡村。这些传统村镇形式多样，特色鲜明。由于所处地区和环境的不同，各个传统村镇的布局因地制宜，随坡就势，形成了独特的肌理和景观，在自然山水的映衬和农耕文明的熏染之下，它们散发出浓郁的乡土气息，体现了淳朴的民风乡情。这些村镇中建筑的形式，既有格局规整的传统北方四合院，也有各式各样的窑洞，如石砌锢窑、砖砌锢窑以及掘土而成的靠山窑、地坑窑，极具地方特色。乡土建筑建造时多就地取材，土木砖石各有所用；建筑结构、建造技术和施工工艺则以适合当地的气候和环境为宜。

“河北省历史文化名镇名村及传统村落图录 1、2、3”图书出版项目得到国家出版基金的资助。作者从河北省域内的中国历史文化名镇名村、列入中国传统村落名录的村落以及河北省历史文化名镇名村中，遴选了 70 余个传统村镇聚落编辑成册。作者团队通过对这些传统村镇聚落的现场走访、调研和踏勘，收集了第一手资料，并把这些民间精粹、国之瑰宝记录下来，采用图片与文字相结合的方式，从村镇概况、空间格局、物质文化遗产、非物质文化遗产等方面真实地反映河北省传统村镇聚落的概貌，充分展示其文化内涵和魅力。这 3 册图书为我们全面深入地了解河北省传统村镇聚落提供了一把钥匙，借助这把钥匙，我们可以打开一扇文化之门，进而探究其所蕴含的文化真谛。

传统村镇是我国农耕文明留下的宝贵遗产，是历代祖先的无私馈赠，对研究我国社会、经济、艺术以及科技发展都具有重要价值。希望这3册书的出版，能够引起大家对这些濒临消亡的古村、古镇的高度重视，对中华民族的文化遗产更加珍惜。希望大家在繁忙的工作之余，能够放慢脚步，切身领略传统村镇带给我们的和美与宁静、绚烂与妩媚以及那一份沉重与沧桑。

张玉坤

2019 年 1 月

Foreword

前 言

我国幅员辽阔，灿烂的农耕文明历史悠久，形成了极为丰富的乡村文化遗产。2012 年 9 月，传统村落保护和发展专家委员会第一次会议决定，将习惯称谓“古村落”改为“传统村落”，以突出其文明价值及传承的意义。中国历史文化名镇名村是建设部（现住房和城乡建设部）和国家文物局从 2003 年起共同组织评选的，是保存文物特别丰富且具有重大历史价值或纪念意义的、能较完整地反映一些历史时期的传统风貌和地方民族特色的村和镇，它们基本反映了我国不同地域历史文化村镇的传统风貌。

河北省的历史文化名镇名村及传统村落在全国占据很大的比例。2016 年，河北工业大学建筑与艺术设计学院开始参与河北省住房和城乡建设厅（以下简称“河北省住建厅”）有关河北省历史文化名镇名村及传统村落的记录、整理、立档项目。我们的团队分为若干个考察队，深入各个村落进行走访和考察，调研了丰富多彩的传统建筑，收集了第一手资料，体验了河北乡村深厚的历史文化底蕴和淳朴民风，充分感受到河北省乡村历史发展的多样性。截至 2018 年年初，河北省有近百个国家级或省级历史文化名镇名村和传统村落。通过与河北省村镇建设促进中心的合作，我们梳理出部分村落的图像和文字资料，并整理成册，形成《河北省历史文化名镇名村及传统村落图录》（1、2、3）3 册，以图文并茂的方式全面系统地介绍了这些村落和古镇的基本情况、历史沿革、村落环境、空间格局、传统民居、公共建筑以及非物质文化遗产等。我们与河北省住建厅于 2018 年 7 月开展了图录第二辑的立项工作，希望通过立档的方式使这些村落的物质文化遗产和非物质文化遗产得到更好的传承。

在调研村落的过程中接触到众多丰富多彩、珍贵璀璨的物质和非物质文化遗产，我们的内心受到极大的震撼，原来乡村有这么多值得研究和传承的东西，同时我们也为乡村的现状深感担忧。由于乡村空心化和人们对传统文化的忽视，目前越来越多的特色乡村的整体肌理和传统文化逐步消失，取而代之的是无序的建设和混乱的空间。村内大部分年轻人外出打工，很多房屋因无人居住而空置，一些具有历史文化价值的特色民居和传统建筑逐渐坍塌损毁，无法修复。一些民间技艺无人传承，也将逐步消失。这一现状给我们敲响了警钟，如果再不采取行动，未来我们将再也看不到拥有几千年历史的传统村落和农耕文明，将彻底失去我们的“乡愁”。

河北省向来为京畿要地，在京津冀协同发展中为重要的一环，具有“新型城镇化与城乡统筹示范区、京津冀生态环境支撑区”的定位要求。基于此，如何做好河北省的乡村保护工作是一个值得深思的问题。我们认为，一方面应该对这些古镇、村落进行纸质化和数字化归档，建立档案库，为进一步保护提供基础数据和资料；另一方面还要结合当前乡村振兴的政策背景，把保护和发展结合起来，对乡村进行活态保护，采用“生态博物馆”的理念，发挥原住民的积极作用，使他们主动保护自己的生活环境和文化传统。我们希望这 3 册书的出版能起到抛砖引玉的作用，使公众认识到保护传统村落和名镇名村的意义，领略到村落的独特魅力与社会文化价值，从而营造全社会关注村落文化的热潮，让更多的人参与村落保护和传承；同时能为京津冀的城乡规划、政策制定、协同发展提供资料参考，为区域内的村庄建设、文物保护、非遗传承、经济发展、文化建设等提供依据。

河北省地大物博，传统村落和名村古镇众多，传统文化广博深邃。作为以研究建筑为主的团队，我们将图书编写的重点放到物质文化遗产方面，对非物质文化遗产仅作了简单概述，并不全面深入。另外在传统建筑方面，由于各种原因，很多建筑已经坍塌，或重建，或仅存残垣、遗址，也有的建筑因为是个人住房或危房，很难进入取得全貌，故书中的部分建筑图片为局部照片。希望这些问题在我们下一步的工作——村落资料数据化工程中加以解决和完善，以更详尽和现代化的方式将这些遗产档案更好地保存和传承下去。

最后，感谢国家出版基金管理办公室对这套书的大力支持，没有国家出版基金的资助和各位专家的指导，本套书实难出版；感谢河北省村镇建设促进中心副主任席建林的大力支持，感谢河北省住建厅及各地住房和城乡建设部门的全力配合，为我们提供了大量的基础数据和资料；感谢天津大学建筑学院张玉坤教授为本套书提出了许多宝贵意见并作序；感谢负责资料采集和图书编写的老师和同学们，不管是夏日炎炎还是寒风凛冽，你们都始终坚守第一线，是你们不辞辛苦的付出才结出今天的硕果。

历史文化名镇名村和传统村落的研究与保护任重而道远，需要大家的共同努力才能使我们的乡村焕发新的生机。再次感谢大家的支持，我们会继续走下去。

魏广龙

2018 年 12 月

Contents

目 录

第一篇　邯郸篇

邯郸市位于河北省南端，因邯山至此而尽得名，其西依太行山脉，东接华北平原，位于晋冀鲁豫 4 省要冲和中原经济区腹地，总面积约 1.2 万平方千米。邯郸市现辖 6 个区（丛台区、复兴区、邯山区、峰峰矿区、肥乡区、永年区）、1 个县级市（武安市）、11 个县（鸡泽县、邱县、曲周县、馆陶县、涉县、广平县、成安县、魏县、磁县、临漳县、大名县）以及冀南新区、高新技术开发区。全市共有 105 个镇和 108 个乡。

第一章 永年区

永年区隶属邯郸市，位于河北省南部、邯郸市区北部，北距省会石家庄 150 千米，距首都北京 420 千米，东与曲周县、鸡泽县交界，西与武安市相邻，南与肥乡区、丛台区接壤，北与邢台的沙河市、南和县相连。永年区下辖 9 个镇、8 个乡，分别是临洺关镇、大北汪镇、广府镇、张西堡镇、永合会镇、刘营镇、西苏镇、东杨庄镇、讲武镇、刘汉乡、界河店乡、曲陌乡、正西乡、小龙马乡、西河庄乡、西阳城乡、辛庄堡乡，共辖 363 个行政村，区政府驻地为临洺关镇。

第一节 广府镇

广府镇俗称城关镇、永年城或广府城，隶属河北省邯郸市永年区，位于区政府驻地临洺关镇东南 25 千米处，是杨氏、武氏太极拳的发源地，2007 年入选第三批中国历史文化名镇。广府镇地处太行山东麓、华北平原南部，西依太行，东达齐鲁，是京南咽喉、战略要冲，自古为兵家必争之地，是河南等中南部地区通向北京的重要交通枢纽，区域交通十分便捷。目前广府镇下辖 28 个行政村。

历史上广府镇先后为曲梁县、广平郡、武安郡、洺州、永年县、广平路、广平府驻地。春秋时谓曲梁，距今已有 2 000 多年的历史。“曲梁”的“曲”字意为弯曲，“梁”字本意为水堤，因洺水环绕，堤围其周而得名。可见广府自古就与水有联系，是河宽地阔的河谷地带。据记载，古代广府周围曾有洺河、漳河、滏阳河、牛尾河流过，其中洺河和滏阳河对广府的作用最大。

广府古城

（一）古城概况

广府是广平府的简称。广府古城历史悠久，长期以来是华北平原上府（广平府）县（永年县）合一的重要城市。其历史最早可以追溯到春秋时期，据《左传》记载，广府为春秋时之曲梁。北齐天保七年（556 年）曲梁县并入广年县，广年县治改驻曲梁城，即今广府古城。1988 年 1 月此处更名为广府镇，沿用至今。广府镇镇内俯瞰见图 1–1–1。

（二）空间格局

广府古城的空间格局为“一城双水三山四海”“四街八巷七十二小拐弯”“府县双署、双学、双武、双庙”。作为府县合一的传统城池，广府古城的平面接近方形，城内与外界通过 4 座城门联系，城墙外有护城河环绕，城墙

图 1–1–1　镇内俯瞰

内是由东、西、南、北 4 条大街相交形成的传统方格路网。街道不贯通南北或者东西，对于古城的防御是有利的。广府古城在永年洼淀的中心，护城河外围是广阔的永年洼，洼外又筑有 25 千米长的防护大堤，大堤内侧有芦苇荡、荷花淀、鱼塘等湿地，还有一些零散分布的自然村落和农田。永年洼防护大堤外围东、南两侧是滏阳河，较好地保持了明清以来的双水环城的格局。广府古城的街巷空间见图 1-1-2。

北上坡街

双关庙街

草市街

图 1-1-2　街巷空间

（三）物质文化遗产

1. 传统民居

（1）武家大院。武家大院（图 1–1–3）为清末望族武汝清（武禹襄二胞兄）的故居，始建于清道光元年（1821 年），占地 7 600 平方米，为传统北方四道三路二进的大型官宦宅院。其主要由大门、仪门、戏台、下院、花园、武酌堂、成启堂、丰善堂等组成。

（2）武禹襄故居。武禹襄是武氏太极拳的创始人。武禹襄故居（图 1–1–4）是河北省文物保护单位，为典型的清代建筑，总占地面积为 9 000 平方米，依三条轴线而建。中轴线部分为三进院落，主要由轿房、仪门、客厅、过厅、享堂、居室等组成。

（3）杨露禅故居。杨露禅是杨氏太极拳的创始人。杨露禅故居（图 1–1–5）是河北省文物保护单位，总占地面积为 3 000 平方米，坐东面西，为两进院落，主要由茶棚、居室、演武厅、碑廊等组成。

2. 公共建筑

清晖书院也称莲亭，为明清时期府学，是当时培训士子之所。书院内曲廊回绕，楹窗毗连，名人碑帖极目遍是。书院原址占地 4 万平方米，有莲亭、香远堂、正谊堂、荷花馆、治经楼、春秋阁、小西湖、奎阁、朱衣楼等建筑。图 1–1–6 为县城内重建的清晖书院新院局部，原址的书院正在进行修复。

图 1–1–3 武家大院鸟瞰

图 1–1–4 武禹襄故居鸟瞰

图 1–1–5 杨露禅故居鸟瞰

图 1-1-6　清晖书院新院局部

3. 历史环境简介

古城墙、桥、牌坊、古墓、碑刻等构筑物极大地丰富了广府古城的历史遗存。历史上广府古城一直为攻防要地。城墙是中国传统城池的军事防御设施，此处城墙的瓮城、角楼、马面、雉堞、城门洞、千斤闸、城门楼等都有保存，是我国古城墙营造技术和布局的完美体现，具有重要的建筑史学价值和美学欣赏价值，在我国古代城池遗存中占有重要地位，现为全国重点文物保护单位。广府古城的城墙见图 1-1-7，历史上的古城楼见图 1-1-8，4 个城门见图 1-1-9。

城墙现状

古城墙局部 1

古城墙局部 2

图 1-1-7　城墙

古城墙敌楼

古城墙门楼

图 1-1-8 历史上的古城楼

东门（阳和门）

南门（阳明门）

西门（保和门）

北门（贞元门）

图 1-1-9 城门

（1）毛遂墓。广府古城内有毛遂墓一座，是战国名士毛遂的坟墓。据《永年县志》记载，毛遂墓在（府）城西南 2.5 千米的大堤内。毛遂墓前曾有墓志，该墓志在清末战乱年代被盗，下落不明。目前墓旁仅存一块石碑，上书“毛遂之墓”，见图 1-1-10。

图 1-1-10 毛遂墓

（2）弘济桥。弘济桥（图 1-1-11）位于广府古城以东 2.5 千米处，东西横跨滏阳河，是全国重点文物保护单位。弘济桥的结构与赵州桥相似，为单孔双敞肩石拱桥，用青石砌筑。桥长 48.9 米，宽 6.82 米，主券跨度 31.88 米，矢高6.02米，拱形大券两旁各有两个小券。桥上券石图案精美，具有很高的艺术价值和审美价值。

（3）夏承碑。夏承碑原名《汉北海淳于长夏承碑》，为东汉著名书法家蔡邕（蔡文姬之父）于建宁三年（170 年）所书，书体为隶书。目前全国现存蔡邕书法石刻仅两部，其中一部就是保存于永年区清晖书院的夏承碑残碑。明代夏承碑拓片见图 1-1-12。

（4）古闸。明嘉靖至崇祯年间，历任官员在滏阳河上修建了八处闸，自西到东依次为广仁闸、普惠闸、便民闸、济民闸、广济闸、润民闸、惠民闸、阜民闸等。因为八处灌溉闸均匀地分布在广府古城西面，故被百姓统称为“西八闸”。闸的建筑材料以砖石为主，结构严密、坚固。“西八闸”完工后，引滏阳河河水灌溉城西土地，从此这一片不毛之地变成水稻丰产区。“西八闸”之一见图 1-1-13。

望头柱

桥身

图 1-1-11　弘济桥

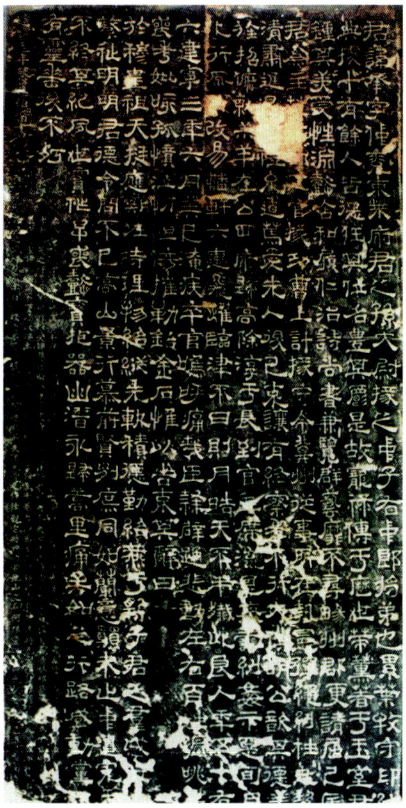
图 1-1-12 明代夏承碑拓片

图 1-1-13 “西八闸”之一

第二节 非物质文化遗产

广府古城是太极拳的发祥地。当今太极拳五大流派（陈、杨、武、孙、吴）中，杨氏、武氏太极拳均诞生于广府，此外还衍生出孙氏和吴氏两大太极门派。自清朝中叶至今，海内外享有盛誉的太极拳宗师杨露禅、武禹襄，太极大师杨澄甫、傅钟文、郝为真等都与此地有密切关系。百余年来，广府古城拳风不败，尚武者众多。永年区被原国家体委命名为“武术之乡”，广府古城被中国民间文艺家协会授予“太极拳之乡”等称号。永年太极拳以其舒展飘逸、浑圆深沉、动静有度、刚柔相济等特点和祛病益寿之功效，受到越来越多海内外人士的喜爱。2006 年，杨氏传统太极拳被列入第一批国家级非物质文化遗产名录。同年，武氏传统太极拳被列入河北省第一批省级非物质文化遗产名录。

第二章 涉县

涉县位于太行山东麓、河北省西南部，晋冀豫 3 省交界处，隶属河北省邯郸市。涉县县域面积约为 1 509 平方千米，辖 9 个镇（涉城镇、河南店镇、索堡镇、西戌镇、井店镇、更乐镇、固新镇、西达镇、偏城镇）、8 个乡（神头乡、辽城乡、偏店乡、龙虎乡、木井乡、关防乡、合漳乡、鹿头乡）、1 个街道办事处，共 308 个行政村。县政府驻地为涉城镇。

第一节 偏城镇

偏城镇位于河北省邯郸市涉县北部，距县城20.5千米，镇域面积为132.8平方千米，辖23个行政村，镇政府驻地为偏城村。抗日战争时期，偏城镇的偏城村曾是山西黎城县偏城区政府驻地和偏城县政府驻地，后划给涉县。

偏城村

（一）村落概况

基本情况　偏城村隶属涉县偏城镇，因刘家寨古建筑群而闻名。刘家寨古建筑群为北方少有的寨子式建筑群，也是保存比较完整的典型的北方四合院建筑群。偏城村于2007年入选河北省第一批历史文化名村，2008年入选第四批中国历史文化名村，2012年被列入第一批中国传统村落名录。

历史沿革　据《涉县地名志》载，宋末元初，罗、刘两姓人家均居于寨上，有“罗半寨，刘满寨”之说。后罗姓人家绝嗣，刘姓百姓便在寨子四周筑墙，并建南、北、东3门，改其名为永安寨。寨子俨然是一座小山城，又因此处偏僻，故名曰“偏城”，因主人姓刘，也称刘家寨。在元代以前，此地曾属涉县管辖，南宋咸淳元年（1265年）划归山西黎城县，1940年偏城脱离黎城县管辖，1946年偏城并入河北涉县，1956年建偏城乡，1985年改偏城镇。

（二）空间格局

偏城村四面环山，东有卧虎山，南有凤凰山，西有龙岗山，北有立虎山，古有“九龙二虎双凤凰”之誉，地势总体上自西北向东南方向倾斜，呈弧状阶梯式排列。村落总体呈长方形，传统建筑主要为清末民初的建筑，全部是砖石土木结构。村中道路布局整齐，呈方形网格状，以南北向两条道路为主，东西向道路多为“丁”字形，道路多采用青石铺筑。偏城村的村落环境见图2-1-1，街巷空间见图2-1-2，村落局部见图2-1-3。

图2-1-1　村落环境

图 2-1-2 街巷空间（组图）

（三）物质文化遗产

远近闻名的刘家寨位于偏城村中心的一处方整高岗上。整个寨子呈长方形，原有 48 个院，占地 16 600 平方米，现存 38 个院，总建筑面积约为 5 000 平方米。寨子四周用石头筑成高达 10 米的寨墙，仅留东、南、北 3 个门可以进出，是北方少有的典型寨子式建筑群，体现了集民居、宗祠、防御工事于一体的建筑风格。

寨内有六门圪廊，它是一条南北走向的小胡同，汇集了 6 个典型的北方四合院式院落。院落布局对称，依山就势，结构紧凑。沿街门楼的飞檐斗拱制作精美，大门两侧的门楣多为青石材质，并雕刻楹联。门楼、台阶多由青石建造，且底层阶下设排水道，门前有上马石、拴马石。屋顶为坡形，出飞檐、椽，方砖盖瓦，屋顶压背，两端出兽。建筑装饰以雕刻、彩绘为主，木雕、彩绘多用于室内装饰，砖雕、石雕多用于室外装饰。

图 2-1-3 村落局部（组图）

1. 传统民居

（1）进士府。进士府（图 2-1-4）与将军第相邻。进士府门庭威严，青石铺阶，以厅堂为主体，中门外设两间厢房，沿着中轴线向纵深延伸，形成合院套院，无论从形制上还是内涵上都与中国传统的父子延续的家庭形态相吻合。

（2）将军第。将军第是寨子内最威严的宅院，为串联式的三进院，西高东低，依山而建，前后落差 9 米。从一条 50 米长的甬道走向二门，两侧各有 2 层配房；进二门有左右对称的厅堂，堂内有套间，木雕窗棂，石刻柱顶；穿过厅堂，上 3 层石阶，进入第三院，正中为正堂大厅。将军第入口的大门及局部见图 2-1-5。

（3）明楼院。明楼院（图 2-1-6）俗称“西旮旯院”。该院北主房是一座明楼。抗日战争时期，为了扩大抗日根据地，一二九师进驻涉县赤岸，一二九师先遣团进驻偏城，当时就住在此院，为了保密，称此处为“马岗留守处”。

（4）三进四合院落。寨子内的三进四合院落见图 2-1-7。

大门

庭院

图 2-1-4 进士府

大门

门楼局部

图 2-1-5 将军第入口的大门及局部

窗棂

正面

图 2-1-6 明楼院

正面

局部

图 2-1-7 三进四合院落

2. 公共建筑

偏城村有很多庙、阁，如重修于清光绪年间的龙王庙（图 2-1-8）、重修于清乾隆年间的三仙圣母庙（图 2-1-9）以及西王圣母祠、北门玉皇庙、东门文昌阁等。偏城村北门独具特色，见图 2-1-10。村内还有一个寿圣寺，其始建于宋代，坐北朝南，现仅存原建筑群最前面的一处建筑——天王殿，见图 2-1-11。

图 2-1-8 龙王庙

图 2-1-9 三仙圣母庙

图 2-1-10 偏城村北门

正面

背面

图 2-1-11 寿圣寺天王殿

第二节 河南店镇

河南店镇位于河北省邯郸市涉县西南部，距县城 12.3 千米，镇域面积为 72.4 平方千米，辖 18 个行政村，镇政府驻地为河南店一村。漳西、漳南两大灌渠过境。河南店镇的赤岸村 2008 年入选河北省第二批历史文化名村，2012 年被列入第一批中国传统村落名录。

赤岸村

（一）村落概况

基本情况 赤岸村位于太行山东麓、涉县西北 4 千米的太行山深处、清漳河西岸。村西高岸处有一红土岭，红者，赤也，故此村称赤岸村。

历史沿革 赤岸村始建年代无考。据查，始有张姓人家在此居住。村中第十生产队的队房中现存原观音庙香亭石刻，上书“东渡街四海朝音”“大明正德十五年九月十九日建”等内容。由此可见，明正德十五年（1520 年）就已经有赤岸村了。现村内仍存有明万历四十年（1612 年）修建的栈道。赤岸村建村初期紧靠清漳河，民房遇洪水常被冲毁，后整村迁居到村西高岸上。

（二）空间格局

现存赤岸村是以明末清初院落为主的保存完整的山区古村落。村落依山而建，房屋错落有致，布局十分严谨。赤岸村的村落环境见图 2-2-1，民居鸟瞰见图 2-2-2。

（三）物质文化遗产

1. 传统民居

村内民居形式主要为窑洞，窑洞包括石窑、土窑、防空洞等。村内现有孙家大院、张家大院、贾家大院等保存完好的古民居。孙家大院建筑面积为 648 平方米，其中孙家祠堂建筑面积为 380 平方米；贾家大院建筑面积为 320 平方米。门楼多飞檐斗拱、雕梁画栋，房屋建筑多由毛石砌筑，为砖木结构、硬山小式布瓦顶建筑，是典型的太行山 2 层阁楼四合院建筑风格，冬暖夏凉，适合居住。典型的 2 层阁楼房见图 2-2-3。

村民张茂德在战争时期主动腾出自己的一进两穿院给刘伯承、邓小平等人居住，故此院称刘邓旧居，旧居前院和后院均为四合院，见图 2-2-4 和图 2-2-5。

图 2-2-1 村落环境

图 2-2-2 民居鸟瞰

图 2-2-3 2 层阁楼房

前院正房

前院南屋

前院厢房

图 2-2-4　刘邓旧居前院

后院北屋

影壁

大门

过道

图 2-2-5 刘邓旧居局部

2. 公共建筑

村中的公共建筑以寺庙为主，主要包括龙王庙、关帝庙、山神庙、观音庙等。

（1）龙王庙。龙王庙在抗日战争时期曾为“黄海部党校”所在地，内部现存龙海大戏院（图 2-2-6）。龙王庙见图 2-2-7。

（2）关帝庙。关帝庙见图 2-2-8。

图 2-2-6　龙海大戏院

内院

殿前功德碑

抱槐

大门

图 2-2-7　龙王庙

3. 历史环境简介

（1）石圈口。村中的石圈口是赤岸村重要的公共空间。图 2-2-9 为村民们在石圈口舞狮。

（2）漳南大渠。1941 年，一二九师将领和晋冀鲁豫边区政府领导军民共同修建漳南大渠，现其保存完好，至今仍在使用，见图 2-2-10。

斗拱与檐板

正面

瓦当

石兽

图 2-2-8 关帝庙

图 2-2-9 村民们在石圈口舞狮

图 2-2-10 漳南大渠

第三节　井店镇

井店镇位于涉县东北部，占地 108 平方千米，辖 28 个行政村，镇政府驻地为井店村。境域东部、西部为山区，山前坡地倾向中部，形成黄土岗壑，略为平缓。镇内的王金庄村 2008 年被河北省政府列入第二批历史文化名村名录，2012 年被列入第一批中国传统村落名录，2014 年获得河北省“美丽乡村”称号。

王金庄村

（一）村落概况

基本情况　王金庄村地处涉县东部的大山深处，隶属井店镇，距涉县县城 15 千米，距井店镇政府 8.5 千米。村中现存传统建筑 35 万平方米，最早的建造年代为元代。

历史沿革　王金庄村始建于春秋时期，兴盛于明清时期。相传春秋末期，晋国内乱，赵鞅（即赵简子，也称赵孟）发现王金庄村至井店村方圆数十里群峰耸立，树茂林密，进可攻，退可守，故率兵从王金庄村出发，昼夜行进，一举将邯郸夺回。元代初期，古邑北关的王金因帮邻里减税与官府发生冲突，为逃避国法处置，翻山越岭隐居于此。数年后王金于县城取回粮款盖了一幢新房，游人见之，唤为王金庄，这一叫法沿袭至今。后村中又有曹、李、刘等姓人家先后迁来同住，村子逐渐繁盛起来。

（二）空间格局

王金庄村位于冀南太行山脉东麓中山区，村南北各有一座东西走向的山，分别为南坡山和北坡山。村落被两山相夹，呈线形布局，聚落空间格局完整。道路系统以贯穿东西的主街为轴线，多数巷道都是相通的，顺山势向下都能到达主街。村庄主要街巷为石板路，现存石板街、磨房巷、付家路、上坡巷、羊圈口巷、大碾房巷等，其中石板街总长约 2 千米。“山高石头多，出门就爬坡”，石房依高就低，顺势而建，街巷两侧石墙历经沧桑。王金庄村的村落环境见图 2-3-1，街巷空间见图 2-3-2 和图 2-3-3。

（三）物质文化遗产

1. 传统民居

王金庄村民居多为石头房，是涉县的特色民居。它们依山就势、错落有致地建在山坡上。石街石巷、石房石墙、石阶石栏、石桌石凳、石碾石磨，形成了独具特色的传统民居聚落。目前村内有 600 多幢明清建筑风格的民居。主房建筑多为 2 层，石木结构，坡屋顶；近几年翻建的少量房屋改为 3 层，砖混结构，“院上院”3 层套间结构较为流行。

（1）曹家大院。 曹家大院（图 2-3-4）坐北朝南，背靠大山，恢宏壮观。大门外墙用精制石块砌垒而成，当地人称干合缝，石缝细到不能用石灰勾缝。大门位于外墙正中，石台阶两侧刻双狮把门，形似宝剑的护宅大石在门旁挺立。高大的古式门楼上布满了精美的木雕，有暗八仙、和合二仙等。

（2）石头院。石头院见图 2-3-5。

图 2-3-1 村落环境（组图）

图 2-3-2 街巷空间 1（组图）

图 2-3-3 街巷空间 2（组图）

局部

照壁

南院

木雕雀替

门楼砖雕

图 2-3-4　曹家大院

2. 公共建筑

（1）白玉顶奶奶庙。白玉顶奶奶庙（图 2–3–6）位于王金庄村西大南沟、黄龙洞西北的金磐山上。庙内现有主庙 3 间，坐北朝南，另建有碑记房、香客接待室等 10 余间辅助用房，均为青石砖木瓦结构，庙内塑碧霞元君等神像数尊。村中每年都有庙会，农历三月十五白玉顶奶奶庙庙会时，十里八乡的乡亲们来此祈福，祈风调雨顺，祷岁岁平安。

（2）关帝庙。关帝庙见图 2–3–7。

（3）龙珠桥。龙珠桥见图 2–3–8。

图 2–3–6　白玉顶奶奶庙

图 2–3–7　关帝庙

图 2–3–5　石头院

图 2–3–8　龙珠桥

第四节 关防乡

关防乡位于河北省邯郸市涉县东南部，距县城 21.3 千米，东北临武安市，东南接磁县。全境沟谷纵横，山岭连绵，地势北高南低，面积为 98.7 平方千米，辖 16 个行政村，乡政府驻地为关防村。

岭底村

（一）村落概况

基本情况　岭底村隶属涉县关防乡，位于涉县东南部，距涉县县城约 50 千米，地处太行山南麓，至今有保存完好的古民居院落 45 座，2008 年入选河北省第二批历史文化名村，2014 年被列入第三批中国传统村落名录。

历史沿革　据《涉县志》记载，岭底村始建于明洪武年间，原属河南彰德府管辖，清末民初归河北涉县管辖，因地处凤凰岭山脚而得名。岭底村位于玉泉乡边界，清顺治时期承袭明制，属玉泉辖区。清康熙五十三年（1714 年），县以下行政区改为“乡约制”，岭底村隶属岭底乡约。1925 年岭底村隶属玉泉区。1950 年涉县调整行政区划，岭底村是县辖行政村之一。1958 年岭底村隶属西达公社，1996 年全省实施“小乡并大乡”计划，岭底村划归关防乡。

（二）空间格局

岭底村地处太行山脉南端，为山地地貌区，地势东高西低，受地形限制，河道呈平缓的“V”字形，河水自东向西流过村庄，村庄沿河道两岸呈带状延伸，村庄主路也与河道平行，形成近似三角形的总体格局。村内房屋多位于山间谷地，其中许多古建筑保存较为完整，石头院落依坡而建，错落有致，古色古香，构成了古村的基本风貌。以河为界，赵家大院和李家大院分别处于河的南北两侧，位于河北岸的郝家大院在村庄西北部与赵家大院和李家大院遥望，整个村庄以三大院为中心呈三角形布局。古村共有 2 条街道、3 条巷子，总长 680 多米，宽 3~5 米，街道高低错落、纵横交织，奠定了村落的空间形态基础。岭底村村落环境见图 2-4-1，街巷空间见图 2-4-2。

图 2-4-1 村落环境（组图）

（三）物质文化遗产

1. 传统民居

岭底村的院落有四合院和“三门两进两甩袖”两种格局，具有典型的冀南民居风格，其中“三门两进两甩袖”的建筑布局最具特色，李家大院、赵家大院和郝家大院均为这种院落格局，并且院落与院落之间互相连通。村内现有 45 处保存完好的古宅，均为清代所建。

受周围环境影响，村民建房时多就地取材，建筑材料一部分是石材，一部分是灰砖。建筑屋顶主要采用叠梁式木构架支撑，屋面多使用当地烧的筒瓦，墙体大多由本地自产的青石垒砌，砌筑方法有干砌和浆砌两种。

村庄房屋均采用小门小窗的形式，宅门用黑色双开木板门，宽约 1.5 米，高约 2.2 米，门口设门墩，多为方形。建筑的装饰以吉祥花饰为主。古民居院落的雕饰图案以各种吉祥图案为主，门洞处穿以木枋，单踩斗拱上承托门檐，上覆灰瓦，配以吻兽，整个门头成为装饰的重点。大门一侧的

图 2-4-2　街巷空间（组图）

墙底留有方形排水沟。正房大门亦多为双扇，呈矩形，比宅门略窄。门头上不像宅门那样装饰华丽，只是用砖饰做出门檐装饰，门槛高约 0.4 米。窗高 0.8~1.2 米，宽 0.8~0.9 米，为矩形或拱形，多为花格窗，纹样以方格、套方锦等为主。

（1）赵彦林宅院。赵彦林宅院见图 2-4-3。

（2）赵黄宅院。赵黄宅院见图 2-4-4。

（3）赵来珠宅院。赵来珠宅院见图 2-4-5。

（4）李家大院。李家大院保存较为完整的宅院有 6 处，建筑面积为 1 200 平方米。此院建筑独特，格局上分前院、后院；从布局上看，有的是三进两院，有的是三面楼四合院，具有整齐、美观、大方的特点。房屋建筑为石土木结构，有上书院、下书院之别。李家券是座龙券，据说曾有位皇帝到此看到建筑前的石券，御笔题词“屏藩燕冀”。券顶

庭院

大门 1

大门 2

大门 3

图 2-4-3 赵彦林宅院

大门

建有 3 座庙，借“神以庇人，庙以依神”表达当时的劳动人民对神的敬畏，古券、古庙保存较为完整。李家大院局部见图 2-4-6。

（5）郝家大院。郝氏家族是岭底村较早移居到此的大姓家族，有上郝家、下郝家之分。郝家大院现保存较为完整的大院有 3 处，建筑面积为 950 平方米。房屋建筑独特，采用小门小窗，以利于防盗防御；院落布局合理，安静整洁，尺度宜人。房屋为石土木结构，2 层，屋檐造型精美，有五脊六兽。因建筑年代久远，郝家大院部分已损坏，局部见图 2-4-7。

正面

图 2-4-4　赵黄宅院

庭院

大门

图 2-4-5 赵来珠宅院

木制门窗

铺装

窗雕

图 2-4-6 李家大院局部

2. 公共建筑

岭底村庙宇建筑种类较多，建筑形式独特，有佛爷殿、奶奶庙、土地庙、财神庙等。

（1）佛爷殿。佛爷殿（图 2-4-8）位于李家券，建于明万历年间，2013 年重修。

（2）奶奶庙。奶奶庙见图 2-4-9。

（3）土地庙。土地庙见图 2-4-10。

（4）财神庙。财神庙见图 2-4-11。

3. 历史环境简介

（1）古桥。岭底村有多座古桥，它们承载着岭底村数百年来的历史文化积淀。村西的岭底桥最为古老，是涉磁古道上的一座石拱桥，始建年代无考，清乾隆三十八年（1773 年）重修。古桥长 13.58 米，主券净跨 4.42 米，券矢高 2.1 米，桥台高 1.15 米，采用纵联砌拱法修筑。桥栏杆由望柱和栏板组成。涉磁公路修建后，该桥成为田间道路桥，得以完好保留。古桥见图 2-4-12。

大门

门锁

图 2-4-7　郝家大院局部

图 2-4-8　佛爷殿

图 2-4-9　奶奶庙

（2）大寨。大寨距岭底村 1.5 千米，是御敌防贼的宝地，但较为狭小，资源匮乏，并不适合久居繁衍。相传曾有一支队伍（约 200 人）来到此地，外筑工事，内建棚灶，居此长达 13 年之久。13 年后，大寨人下山寻地落户，下山时仅剩 20 余人。大寨目前仅存残垣断壁。

（3）古券。岭底村现存 4 处古券，分别为位于村庄南部的龙券（李家券）、位于赵家大院以东水池南侧的古券（赵家大院券）和村庄西部郝家大院以东的古券（上郝家券和下郝家券），见图 2-4-13。李家券又称龙券，位于岭南路中部，处于村中心通向李家大院的路口附近，为青石结构，下层为石拱结构，道路从石拱下穿过。券上为村中的 3 座寺庙，分别为佛爷殿、奶奶庙和老爷庙。

（4）玉露岭。玉露岭始建于汉代，原名“御路岭”。据传，汉高祖刘邦由此经过，并未惊动当地百姓。然黄罗伞盖罩顶，随从众多，本村地方（村官名）不敢怠慢，遂赶至玉露岭上乞赐村名，刘邦回头一望曰：“玉露岭下，岭底一村，何以朕赐，天成其名。”地方顿悟，叩头谢恩。御路岭、岭底村同日得名。岭底村建于明代，此故事应为当地传说。但村中李家外楣有“屏

图 2-4-10 土地庙

图 2-4-11 财神庙

图 2-4-12 古桥

藩燕冀”石匾，内楣有龙腾图案的石圈，似乎可证明御路岭及岭底村名字的来历。明朝任澄清曾赋《登玉露岭韵》：“旋转三十里，绝岭出尘寰，落漳寒鸦寂，悬崖细草间，马行孤露里，人语乱云间，俯仰乾坤阔，回头不可攀。”据传明永乐年间，明成祖朱棣私访至此登玉露岭，顿感视野千里，乾坤开阔，遂遍览山谷而吟：“玉坠饰容千山秀，露潮润物万果香。”后人取两诗句首字，将“御路岭”更名为“玉露岭”。玉露取露水似玉佩、珍珠之意，寓意美好，接地气，故“玉露岭”一直沿用至今。

赵家大院券

李家券

上郝家券

下郝家券

图 2-4-13 古券

宋家村

（一）村落概况

基本情况 宋家村隶属涉县关防乡，地处太行山东麓、涉县的东南部，距涉县县城 40 千米，村中间有涉磁公路穿过。宋家村是太行山南部较为典型的家族型村落，现在的村落大致分三部分。前后两部分由新建民居组成，呈现出现代化的气象。中间是老村，以清代民居为主。民居依山而建，以传统的四合院为主，建筑材料多为石头和砖瓦。2012 年宋家村入选河北省第四批历史文化名村，同年被列入第一批中国传统村落名录。

历史沿革 宋家村先祖宋马于明洪武年间从山西省洪洞县迁来，此处原名槐树村，后来村民全是宋氏家族成员，故更名为宋家村。

（二）空间格局

宋家村民居聚落与自然环境协调一致，空间格局完整，有很强的防洪、防御等功能。清漳河上游支流自北向南从宋家村穿过，形成“弓”字形河道，古河道及其中部东西向支流将宋家村分为三部分，房屋分列于河道两侧的山间谷地，形成“V”字形格局。河道西侧为古民居，东侧多为新民居，新民居又分“前场”和“后七亩地”两部分。古村落以石板街为主，宽度在 2 米左右，反映了古人的简朴生活。古街巷虽经 600 多年岁月更迭，但布局、尺度、道路骨架仍然完好，街巷名称沿用至今。宋家村的村落环境见图 2-4-14，民居鸟瞰见图 2-4-15，街巷空间见图 2-4-16 和图 2-4-17。

（三）物质文化遗产

1. 传统民居

宋家村传统民居建筑现存 198 处，对应院落 67 处，总面积约为 9 400 平方米。古建筑原貌保存完好，以清代

图 2-4-14　村落环境

图 2-4-15 民居鸟瞰

图 2-4-16 街巷空间 1（组图）

建筑为主，具有典型的北方建筑风格。古民居与地势相结合，以传统砖瓦结构四合院为主。村内布局除街道有统一规划外，其余建筑皆根据地形依势而建。村民们建造的房屋形式基本相同，大多为四合院。房屋的装饰程度因居住者财力不同而繁简不一，进深宽窄不一，建筑材料多为石头和砖。

（1）举人府。举人府见图 2-4-18~图 2-4-20，其大门是广亮门，外有旗杆、拴马石、大隔扇、木刻、精雕大门楼，主房为木制板棚楼，有会客厅、议事厅、生活区，功能齐全，结构合理，风格独特。多处建筑物上都有精美的纹饰图案。

（2）过庭院。过庭院（图 2-4-21）采用中西结合的建筑风格，大门口是 2 层小楼，上层有圆形窗口。穿过长长的过庭，进二门，再分东西两个院子，东院为一个小四合院，主房为砖木瓦结构，隔扇门精致美观，两边有厢房和喂马的地方；西院为高大的瓦房楼，有半圆形门窗，具有明清时期北方建筑的典型特点。

2. 公共建筑

（1）龙王庙。龙王庙（图 2-4-22）位于霸王渠东 20 米处，建于明嘉靖十七年（1538 年），有近 500 年的历史。龙王庙寄托着人们祈盼风调雨顺的美好愿望。庙门口和院内立有十多通石碑，记载了龙王庙的沧桑历史。

（2）观音庙。观音庙见图 2-4-23。

（3）佛爷殿（三教堂）。宋家村的所有庙宇中，以村北的佛爷殿最为著名。其始建于明万历年间，殿内碑刻记载了宋家村的演变过程。佛爷殿见图 2-4-24。

图 2-4-17　街巷空间 2（组图）

图 2-4-18　举人府建筑

正面

大门

二门

砖雕

图 2-4-19 举人府

图 2-4-20　举人府木雕和石雕（组图）

大门

二门

图 2-4-21　过庭院

图 2-4-22 龙王庙

图 2-4-23 观音庙

图 2-4-24 佛爷殿

3. 历史环境简介

村里有两棵苍郁的古槐，据说有 600 多年的历史。该村原来叫槐树村，后来才改叫宋家村，可见古槐对村庄的影响之深。古槐树见图 2-4-25。

图 2-4-25 古槐树（组图）

第五节 固新镇

固新镇位于涉县南部山区，镇政府驻固新村，距县城 12.3 千米，镇域面积为 172.2 平方千米，辖 19 个行政村，2010 年入选第五批中国历史文化名镇。固新镇原称故县，隶属河南彰德府，后又称固县。1931 年，此处设立区政府，镇名取固新，一直沿用至今。

固新村

（一）村落概况

基本情况 固新村地处晋冀豫 3 省交界处的清漳河谷地，清漳河环绕，西靠垭豁山，东望马鞍山，周边山岭绵延，林木茂密。固新村为固新镇镇政府驻地，村域面积约 13.14 平方千米。2010 年，固新村入选中国历史文化名村。

历史沿革 固新村建村时间已无从考究，有历史文献记载，固新建村时间不晚于晋朝，此时期固新村已初具规模，名“松谷”。北齐立国时（550 年），其为临水县城所在地，隋朝时改名故县，1931 年更名为固新，松谷—临水—故县—固新可看作固新村的历史沿革。

（二）空间格局

固新村依清漳河走势按五行布局，西靠太行山脉，东临清漳河，“两山夹一川”的自然地理特征明显。固新村村民利用自然地形，随坡就势，选择山谷内相对开阔的地方建造房屋，形成西靠大山、东临河流的背山面水格局。村落环境见图 2-5-1。村内从聚落到街巷空间再到建筑单体都保留了原有的尺度，整体形态完好，空间变化丰富。街巷空间见图 2-5-2。

（三）物质文化遗产

固新村的传统建筑主要集中在 4 个券门围合的区域内部，该区域的古民居群为县级文物保护单位，整体风貌保存良好，也有部分建筑因年久失修、长期无人居住而损毁。

1. 传统民居

固新村的民居建筑多数为 1 层或 2 层，双坡悬山或硬山顶；民居正立面多为木质材料，装饰构件精美，为典型

图 2-5-1 村落环境

的“两甩袖”。民居多为四合院，大门一般开在院墙中部，正房（北房）建在砖石砌成的台基上，比其他房屋的规模大。两边建有东西厢房，是晚辈们居住的地方，1 层为生活起居空间，2 层用来储藏粮食、存放农具等。四合院的围墙和临街的房屋不对外开窗。

民居建筑多为砖木结构，墙体用土坯垒砌，墙角和门窗周边等重要部位用砖砌筑，墙基用条石垒砌。大门多为砖砌，有青瓦悬山坡顶，坡顶上压有正脊，脊端出兽，脊上浮雕花草纹饰，两边有垂脊，封檐全用青砖雕刻，坡檐下有木制构架，门板下有箱形或鼓形门枕石，刻浅浮雕。

三阁楼（图 2-5-3）是固新村古宅中最高的一座，位于固新万全胡同，为一进院落，正房为 2 层双坡顶建筑，东厢房为 3 层砖砌阁楼。相传这所房子最初的主人是位当铺老板，东厢房上 2 层是用来存放财物的，相当于现在的金库，为了防盗不设楼梯，上下全凭梯子。

2. 公共建筑

固新村（固新古镇）遗存有典型的北方城堡式四门四券古建筑群，在历史上具有良好的防御功能。券门建于北齐天保年间，皆为基石拱券或基石横梁隧道建筑。现存券门仍是主要的出入口，几个券门将各类建筑有机地联系在一起，整体结构完好。其余保存良好的公共建筑还包括北戏台、洞阳观、大庙院以及南山寺等。

图 2-5-2 街巷空间

（1）南券。南券（图 2-5-4）始建于隋朝，清嘉庆二十二年（1817 年）重修，南券以其建筑形式和规模居四券之首。主房分两级，有前后之分，较为壮观，屋脊上有葫芦宝瓶、脊兽，主房四周可容人行走。台阶建在街中东侧，称十八盘，券根有护券人小宅院一处。

图 2-5-3 三阁楼

（2）西券。西券（图 2-5-5）建于北齐年间，占地面积较小，券身北侧有 18 级石台阶，经由北山墙一小门可进入神殿，券的东北面有一附属场地，西面有真武大帝塑像，众称“皮疡爷”，意为免除民众皮肤疾病的神。拱券西口石匾上刻有“万壑通津”4 字，意思是西部的沟水都要经过本券流入漳河。拱券东口石匾上有“乡西屏翰”4 字，由此也可说明其当时的防御功能。

（3）北券。北券（图 2-5-6）建于南北朝至北齐天保年间，从券洞看，工程分 3 次建成。原上券的 18 级石阶在券门西边，宽约 1 米，1986 年后加宽至 1.8 米，2006 年改为券身左右双向由北向南 24 级台阶。20 世纪 40 年代前，北券在村的最北部，随着村庄的扩大，现已位于村中心。

（4）东券。东券（图 2-5-7）原为四券中最华丽的一座，拱券上建有神殿，殿顶为十字脊，琉璃瓦顶，四面挑檐，每个椽头挂一铁铸小钟（俗称小铃），每个小钟里都吊着一个十字形撞锤，稍有微风，便发出响声。东券原有四合院供南来北往的香客居住，后因种种原因改为民宅，现只保留一个券门。

（5）洞阳观。洞阳观（图 2-5-8）位于固新村西，为一进三院式的建筑群体，建筑规模、布局、建造时间均居涉县三观（洞阳观、太清观、玉虚观）之首。洞阳观坐北面南，布局有序，较为壮观，功能齐备，占地 2 000 多平方米。其主要建筑有方丈殿、大雄殿、药王殿、玉皇殿等，均具元明时期的建筑特色。

（6）北戏台。北戏台（图 2-5-9）是典型的山门戏台，所谓“创立山门，上为舞门”；为 2 层建筑，下层过人，上层演出；从外看是巍峨高耸的山门，从内看是宽敞气派的戏台。其与土地庙结合，称为庙台广场。南戏台布局与北戏台类似，对面为老爷庙，体量稍小，有石柱、石券等。

北侧

屋顶

券门

图 2-5-4　南券

图 2-5-5　西券

图 2-5-6　北券

图 2-5-7　东券

外观

观内玉皇殿

图 2-5-8　洞阳观

（7）大庙院。大庙院（图 2-5-10）现为固新村老年活动中心，是村中最热闹的地方。

（8）南山寺。南山寺（图 2-5-11）又名南泉寺，位于固新村西南 1 千米处，于东晋永昌年间创建，北宋乾德五年（967 年）重修，靖康元年（1126 年）改称西明寺，元代延祐年间僧人了能增置殿宇。后年深岁远，南山寺经风雨摧折，殿宇几经修复，多次增减。南山寺现占地面积为 2 万平方米，共有房屋 38 间，一座 5 间大佛殿坐北朝南，殿内供奉着释迦牟尼佛、药师佛、阿弥陀佛等塑像。

图 2-5-9 北戏台

庭院

大门

图 2-5-10 大庙院

大门

3. 历史环境简介

（1）古树。古树（图 2-5-12）位于村北券边，是一株千年古槐，相传“植于秦汉，盛于唐宋”。据中科院古植物保护专家鉴定，树龄在 2 000 年以上。另村中还有两棵古槐，一棵位于西小堂外口，另一棵位于村中心街与西胡同交会处（原祠堂处），树龄均在 500 年以上。

（2）古碑。村内古碑上刻的碑文有 1937 年的《古槐碑记》、清雍正八年（1730 年）的《重修碑记》，还有晚齐开始开凿，后又于隋开皇七年（587 年）续凿的《涉县林旺响堂石窟摩崖题记》。村内古碑见图 2-5-13。

（3）匾额。村内有一块“美溢藩溪”匾，此匾是清光绪五年（1879 年）本土民众为褒奖刘列除暴安良、义举乡里的行为而制作的。另外还有一块“无尚光荣”匾（图 2-5-14），是 1950 年 9 月固新村全体干部、群众敬赠给为国立功的士兵何土定的匾。

北大殿

南大殿

和平塔

图 2-5-11 南山寺

图 2-5-12　古树

千年古槐旁的石碑

大庙院中的石碑 1

大庙院中的石碑 2

图 2-5-13　古碑

图 2-5-14　“无尚光荣”匾

第六节 非物质文化遗产

（一）传统手工艺

涉县的非物质文化遗产非常丰富，有众多的传统手工艺。各传统村落中的妇女心灵手巧，能绣鞋垫，做老虎鞋、动物枕头等，女红作品在民俗生活中有着鲜活的呈现并各有讲究，比如出嫁姑娘的结婚鞋垫大多使用红、黄色，传统图案有龙凤呈祥、孔雀戏牡丹等。纳布底鞋也是村民们常做的手工。村民们在布中间抹上糨糊并晒干，然后将若干层压在一起剪成不同鞋样，用麻线一针一线纳成鞋底。这样做的布鞋透气、舒适且轻便。图 2-6-1 为村民在绣鞋垫，图 2-6-2 是村民们在做老虎鞋，图 2-6-3 是村民们制作的根雕，图 2-6-4 为村民们制作的布老虎，图 2-6-5 为村民们在剪纸。

编草席是赤岸村较为传统的手工技艺。秋后村民将芦苇秆从清漳河水地割回来，将圆秆从中间劈开，用石碾将秆压成片，用不同的方式将芦苇片编织成大片的芦苇席，用来铺炕。心灵手巧的村民们还利用玉米皮编织成各种垫子，如图 2-6-6 所示。

图 2-6-1 村民在绣鞋垫

图 2-6-2 村民们在做老虎鞋

图 2-6-3 根雕

图 2-6-4 布老虎

图 2-6-5 村民们在剪纸

（二）民俗活动

涉县的民俗活动很丰富，有社火、转九曲等。这些活动多在冬闲和春节期间举办。其中民间社火种类繁多，有高台、高跷、旱船、舞狮、舞龙、秧歌、跑马等。

（1）转九曲。转九曲是涉县的古老习俗，每年正月十四、十五、十六 3 天，涉县各个村庄的男女老少纷纷转九曲，见图 2-6-7。转九曲在民间也称转灯，就是选一处较宽敞的平地，将 367 根柱头等距离栽成正方形阵图，将柱头与柱头按一定规则用高粱秆连接起来。一排栅栏与另一排栅栏之间留出弯弯曲曲的路，各有九道曲折。在柱头上安放 367 盏油灯，中间柱头安放 7 盏，叫七星灯。九曲像一个很大的城廓，九曲回廊，没有重复路径，逐个看，大城廓内又分 9 个小城廓，而小城廓的门径、走向各不相同，

图 2-6-6 编玉米皮垫子

图 2-6-7 转九曲

有人便把九曲称为“九曲黄河阵”。村民们步入九曲阵，转过一圈又一圈。人们用这种传统的娱乐方式，祈求来年五谷丰登、幸福安康。另外各村子的跑马活动也很热闹，见图 2–6–8。

（2）女娲祭典。女娲祭典指村民围绕涉县的娲皇宫祭祀人类始祖女娲的所有活动。规模较大的活动一年有两次，第一次在农历三月初一到十八，第二次在农历九月初一到十五。古代政府公祭的程序和规制已失传，传承至今的民间祭祀活动主要有集中摆社祭典、分散祈禳朝拜等。2006 年，女娲祭典经国务院批准被列入第一批国家级非物质文化遗产名录。

（3）寺庙音乐。寺庙音乐用于寺庙法事和民间丧葬。其中，第一类曲谱为奏驾乐谱，用于迎佛、祭祀、送佛仪式等活动。演奏的乐曲又分文武二类，文佛菩萨奏《混坛》等曲，武佛菩萨奏《刀兵计》等曲。第二类曲谱为堂口乐谱，用于寺院内祭祀菩萨的仪式活动，演奏《黄金铺地》《义之真人》等乐曲。第三类曲谱为殡葬乐谱，用于殡葬仪式活动，演奏《灵前用》《祈如来》《戒食》等乐曲。

（4）赛戏。赛戏是一种古老而原始的祭神戏剧，它与道教祭祀活动紧密地结合在一起，女娲、山神是主要的供奉对象。2007 年赛戏被河北省政府列入第二批省级非物质文化遗产名录，2008 年被列入第二批国家级非物质文化遗产名录。

（5）高台。高台是一朵民间艺术奇葩，是固新村非物质文化遗产的代表，它的表演内容年年出新，表现形式令人百看不厌。高台演出加上乐队伴奏和多样的文艺节目，使固新村的元宵节显得格外热闹。高台表演见图 2–6–9。

图 2–6–9　高台表演

（6）哭街。王金庄村有市级非物质文化遗产——哭街。老人去世，家中已出嫁的闺女、侄女等都要从娘家灵前哭起，一直哭到婆家门口，路上手扶墙根，拖着长音，一把鼻涕一把泪，边走边哭，声音宏亮，措辞得当，吐字清晰。邻居们一听到哭声就知道老人已去，都去帮着煮麻糖。麻糖煮好后，闺女提着篮子再次哭着回娘家，这次哭的时间更长，走得更慢，直到返回灵前，将麻糖供给去世的长辈为止。凡在五辈之内的女性血亲，如外甥女、外孙女、重侄女、重外甥女、表侄女、表外甥女等都要吊丧哭街，哭街人的多少体现了去世长辈的人缘好坏。

图 2–6–8　跑马

第三章 武安市

武安市是隶属河北省邯郸市的一个县级市，地处河北省南部、太行山东麓。武安市总面积为 1 806 平方千米，辖 13 个镇（武安镇、大同镇、午汲镇、阳邑镇、伯延镇、冶陶镇、邑城镇、矿山镇、贺进镇、徘徊镇、康二城镇、淑村镇、磁山镇）、9 个乡（上团城乡、马家庄乡、北安庄乡、北安乐乡、石洞乡、西寺庄乡、西土山乡、活水乡、管陶乡）、1 个省级工业园区，市政府驻地为武安镇。

第一节 冶陶镇

冶陶镇位于河北省武安市西南部，距武安市城区约 25 千米，总面积约为 74 平方千米，辖 21 个行政村，镇政府驻地为冶陶村。全镇东半部属丘陵地带，西半部群山环绕。冶陶镇西依太行，东达平原，易守难攻，为历代兵家必争之地，是抗日战争和解放战争时期的革命根据地，军区野战医院、广播电台均设在镇内。镇内现存有晋冀鲁豫军区司令部旧址等。2010 年，冶陶镇入选第五批中国历史文化名镇。

冶陶镇保留下来的明清至民国时期的古民居达 1 000 多处，较知名的有学堂大院、张家大院、黄家大院、吴家庄园等。古民居深受山西建筑风格的影响，装饰极为讲究，石雕、砖雕、木雕随处可见，而且雕工精美。古建筑多采用单檐硬山布瓦顶，多为平房，少量为 2 层楼房。村内古迹因年代久远、风蚀雨浸，加之人为破坏，完整保留下来的极少。经过挖掘整理，冶陶镇的历史遗迹可归纳如下。

三古：西岗古城、古冶铁遗址和古寺（普光寺）。

三楼：五棚楼、奎星楼、登花楼。

三堂：三教堂、观音堂和氏族祠堂。

九阁：关帝阁（南阁）、玄帝阁（西阁）、里仁阁、丁字阁、观音阁（陈家巷阁）、西关帝阁（后窑口）、拱凤阁、大黄家胡同门阁和防护阁。

十二庙：黄龙庙、药王庙、奶奶庙、吕祖庙、七垅庙、河神庙、关帝庙、姜太公庙、菩萨庙、狐爷庙、土地庙、马王庙。

此外，镇内还有阎王殿、刘家贞节牌坊等。冶陶镇传统建筑分布见图 3-1-1。

冶陶西周时属卫，春秋时属晋，战国时属赵，秦灭赵后属邯郸郡。汉高祖时始设武安县，后各朝代其隶属多有变更，但冶陶镇始终归武安管辖。明清时期冶陶镇有“日出三竿，商贾云集”之盛景。民国时期，冶陶已发展为武安八大镇之一。1946—1948 年，解放战争时期晋冀鲁豫中央局、军区、边区政府等机关驻地均在此。冶陶在解放战争时期是晋冀鲁豫边区首脑机关的驻地，现在是中国革命的一份宝贵遗产。1953 年此处设冶陶乡，1984 年改镇。

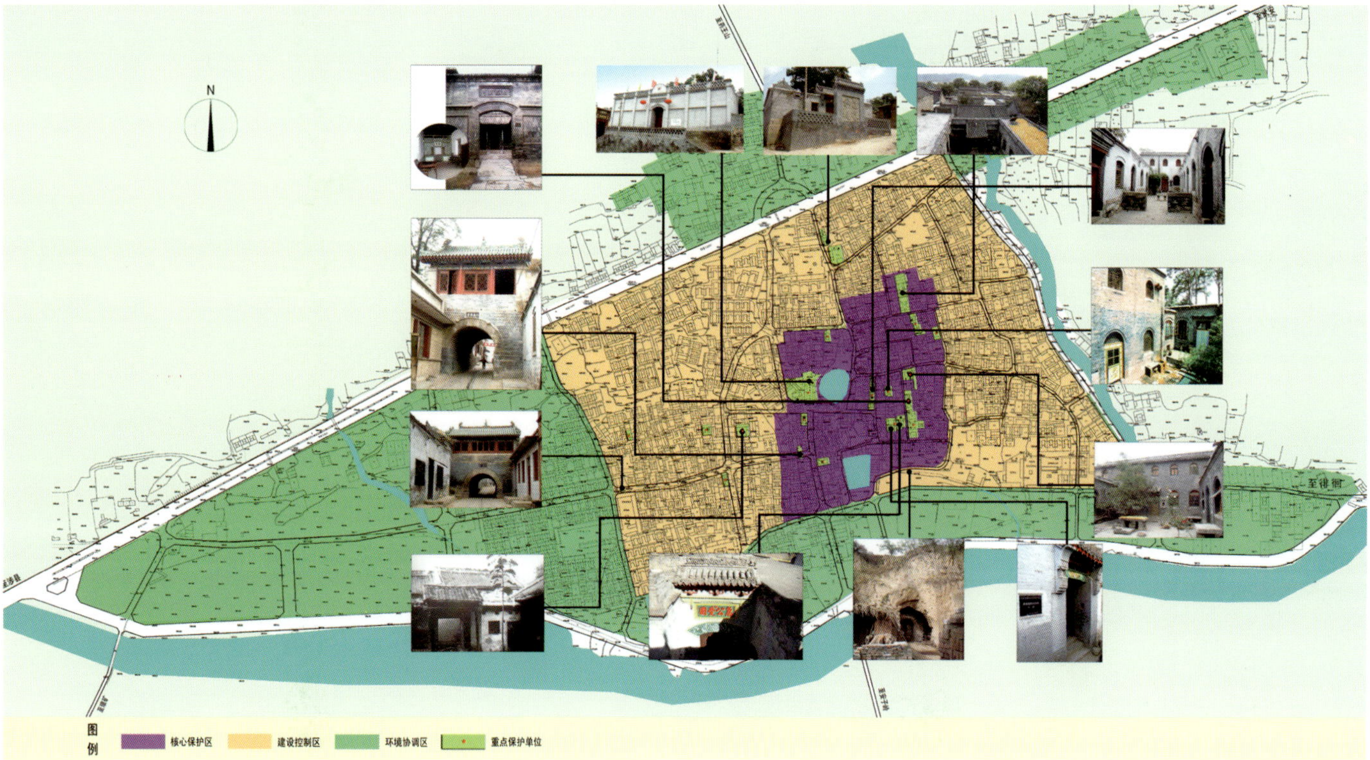

图 3-1-1 传统建筑分布

冶陶村

（一）村落概况

基本情况 冶陶村位于武安市西南 25 千米处，地处太行山东麓山丘地带，坐落在龙虎河畔，面河背山。冶陶村的地理位置非常重要，西通秦晋，东达平原，固守太行，易守难攻，为历代兵家必争之地。村域东西长约 5 千米，南北宽约 4 千米，总面积约为 20 平方千米。

历史沿革 冶陶村为武安市冶陶镇政府所在地。从唐代开始，勤劳、勇敢的冶陶人就开始在这片黄土地上繁衍生息，冶炼矿石，制造农具、兵器和陶器，冶陶亦因此而得名。

（二）空间格局

冶陶村为典型的太行山古村落，依山傍水，群山环绕，北靠太行山脉，南临龙虎河，布局极为讲究。冶陶村的村落环境见图 3-1-2 和图 3-1-3。村庄地形西北高东南低，村庄中部、南部各有一坑塘，雨水顺势汇集于这两个坑塘内。因北部 309 国道和南部龙虎河的限制，村庄布局呈斜四边形。南北向中轴线为拐子街，直通中共晋冀鲁豫中央局旧址。建于山上的防空洞、防空哨所等可直通村内。村庄各个出入口均建有具有防御作用的阁楼，阁楼设有炮眼、枪眼等，村内各户院落均有直通外界的暗门，具有很强的防御功能，故冶陶村是一个典型的防御性村庄。

冶陶村内留存着许多清末民初的古建筑，村中随处可见古庙、古阁和传统民居院落。阁作为传统聚落防御的重要组成部分，分散于村内多处。村内街巷保存尚好，南北古阁屹立街中，青石板路蜿蜒迂回，宅门雕梁画栋。村内具有代表性的街巷有大黄家巷、小黄家巷、上庄巷、拐子街、陈家巷、里仁巷、东西石坡路、大院胡同等。

（1）大院胡同。大院胡同（图 3-1-4）形成于清代，长 90 米，宽约 3 米，青石铺路，因巷内有刘家大院而得名。

（2）里仁巷。里仁巷（图 3-1-5）形成于清代，长 100 米，宽 1.5~2 米，两侧基本为单层建筑。巷内采光较好，封闭性较强，青石铺路，因巷内有里仁阁而得名。

（3）小黄家巷。小黄家巷（图 3-1-6）形成于清代，长约 100 米，宽 2~2.5 米，青石铺路，连通革命旧址、旧居。

（三）物质文化遗产

1. 传统民居

冶陶村的民居多为一个或数个相连的四合院，高门楼，高台阶，墙厚屋高，朝外不开窗，形成相对封闭的“堡垒”。大型的府第宅院还设有炮楼、枪眼、夹墙、暗室等，具有较

图 3-1-2 村落环境 1

图 3-1-3 村落环境 2

图 3-1-4 大院胡同（组图）

图 3-1-5 里仁巷（组图）

图 3-1-6　小黄家巷

（2）齐家大院。齐家大院（图 3-1-9）为青砖瓦房，为典型的冀南建筑风格，是保存完好的四合院落，占地面积约为 290 平方米，建筑面积约为 460 平方米。

（3）乔米花大院 。乔米花大院（图 3-1-10）为具有冀南地方特色的典型四合院，主房是悬山布瓦顶二层建筑，两侧厢房为一层平屋顶建筑。其占地面积约为 330 平方米，建筑面积约为 520 平方米。

图 3-1-7　民居鸟瞰（组图）

强的防御性，如齐家大院和张家大院。冶陶村的民居鸟瞰见图 3-1-7。

冶陶村民居的院落形式有两种，即独立三合院和独立四合院，都具有中轴对称与均衡、院落围合等特点。这种中轴对称与均衡和我国古代社会的宗法制度相符。院落中正北面是正房，正房的建筑最为高大，由家中的老人居住，两侧为厢房，由家中的子女居住。

冶陶村传统民居的立面符合我国传统建筑中的“三分说”，即由台基、墙柱构架、屋顶三部分组合而成，其中变化最为丰富的是屋顶。正房屋顶为抬梁式构架的坡屋顶，屋檐的形式主要有前后出檐、前出檐后收檐。厢房、倒座大多为平屋顶，并配有花墙样式的女儿墙。传统建筑装饰丰富多彩，主要有石雕、木雕和砖雕。

（1） 张家大院。张家大院（图 3-1-8）建造于清乾隆年间，距今已有 200 多年的历史，其形制为“九门相照”。四重院落从南到北相互连接，依次排列在中轴线上，形成前门、中厅、后楼的格局。张家大院坐北朝南，东西宽 16 米，南北长 56 米。整个大院建筑多为一层，正房多为坡顶，厢房多为平顶。建筑以青砖建造，细部装饰有石雕、砖雕和木雕等。

图 3-1-8　张家大院鸟瞰

（4）齐志成大院。齐志成大院（图 3-1-11）有三进院，沿中轴对称，多为悬山顶一层建筑。其占地面积为 400 平方米，建筑面积为 320 平方米。

（5）黄家祠堂。黄家祠堂（图 3-1-12）为清代建筑，青砖瓦房，有精美雕饰、悬山布瓦门楼，是典型的冀南风格建筑，建筑面积为 130 平方米，目前已改为居住用途。

图 3-1-9 齐家大院

图 3-1-10 乔米花大院

图 3-1-11　齐志成大院

庭院

天地龛

石匾

图 3-1-12　黄家祠堂

2. 重要历史事件旧址

（1）中共晋冀鲁豫中央局、军区旧址。该大院为一完整的四合院，坐北朝南，始建于 1932 年，原为武安县徘徊镇伪区长武书堂建的洋学堂，1941—1942 年为抗日学校。旧址长 45.2 米、宽 20 米，占地面积为 900 多平方米，1982 年入选河北省文物保护单位，2006 年入选全国重点文物保护单位。中共晋冀鲁豫中央局、军区旧址见图 3-1-13。

（2）中共晋冀鲁豫军区司令部伙房旧址。此地为 1946—1948 年中共晋冀鲁豫军区伙房，建筑保存完好。此地建筑始建于清末民初，南北长 22.7 米，东西宽 11 米，占地面积约为 250 平方米，建筑面积约为 430 平方米。司令部伙房旧址见图 3-1-14。

（3）财经办事处旧址。此地建筑为清末民初青砖瓦房，具有典型的冀南建筑风格，是保存完好的四合院落，见图 3-1-15。其占地面积约为 500 平方米，建筑面积约为 400 平方米。

（4）华北财经会议旧址。1947 年，华北财经会议在此地召开。该会议统一了华北各解放区的财经政策，调节了财政收支，为指导华北各解放区的财政经济工作、支援战略进攻、夺取解放战争的胜利做出了积极贡献。华北财经会议旧址见图 3-1-16。

（5）徐向前旧居。徐向前旧居为青砖瓦房，具有典型的冀南建筑风格，是保存完好的四合院落，见图 3-1-17。

（6）滕代远旧居。滕代远旧居为青砖瓦房，具有典型的冀南建筑风格，是保存完好的四合院落，见图 3-1-18。

庭院

入口

图 3-1-13 中共晋冀鲁豫中央局、军区旧址

正房

局部

入口砖雕

入口

门楼

图 3-1-14　中共晋冀鲁豫军区司令部伙房旧址

（7）刘伯承、邓小平、李达旧居。1946 年 6 月至 1948 年 5 月，中共晋冀鲁豫军区司令刘伯承、政委邓小平、参谋长李达在此居住。此旧居为清末民初建筑，坐北朝南，为相连四合院，由 3 个院落组成，占地面积为 388.4 平方米，建筑面积为 330 平方米，见图 3-1-19。

（8）薄一波旧居。薄一波旧居为青砖瓦房，为典型的冀南风格建筑，是保存完好的四合院落，见图 3-1-20。其占地面积为 400 平方米，建筑面积为 300 平方米。

正面

庭院

图 3-1-15 财经办事处旧址

正面

厢房

图 3-1-16　华北财经会议旧址

图 3-1-17　徐向前旧居

图 3-1-18　滕代远旧居

庭院

李达旧居入口

俯瞰

图 3-1-19 刘伯承、邓小平、李达旧居

图 3-1-20 薄一波旧居

3. 公共建筑

（1）关帝阁。关帝阁（图 3-1-21）又称南阁，位于冶陶村拐子街南口，建于明代天启年间，用于祭祀和防御，保存状况完好。关帝阁为邯郸市第一批文物保护单位之一，坐北朝南，为砖石木结构单体建筑，下为阁，上为庙。其底层为单拱券“一”字形阁，拱券高约 3 米，宽 3 米，券腿用青石砌筑，券顶用砖砌。关帝阁南匾刻有“洛滨一隅”，北匾刻有“俱瞻效灵”。阁东北角有石台阶可通上下，上层分为前后两殿，前为拜殿，后为正殿。拜殿为卷棚布瓦顶建筑，正殿为悬山琉璃瓦顶建筑。

（2）玄帝阁。玄帝阁（图 3-1-22）又称西阁，位于冶陶村西关街西端，始建年代不详。其为大型木架结构，下为阁，上为庙，阁楼有琉璃瓦顶，阁楼内雕梁画栋。西匾刻有“冶陶镇”，东匾刻有“西通秦晋”。

（3）里仁阁。里仁阁（图 3-1-23）位于里仁巷南端，建于明代，大青石砌的底座长 5 米，宽 4 米，高 3 米，南北走向。南匾刻有“里仁巷”，北匾刻有“阜安”。阁楼内供奉关羽像。里仁阁为砖石结构，外部是砖雕斗拱檐椽，内部是砖拱圆券，屋顶为琉璃瓦顶。

（4）拱凤阁。拱凤阁（图 3-1-24）位于小黄家巷南端，建于清代末年，用于祭祀和防御，保存状况较好。其下为阁，上为庙，为砖木结构，水泥平顶，是村内唯一的“一阁两庙”建筑。其北侧供奉菩萨，南侧供奉关帝。

图 3-1-21　关帝阁

图 3-1-23　里仁阁

图 3-1-22　玄帝阁

图 3-1-24　拱凤阁

（5）丁字阁。丁字阁（图 3-1-25）位于上庄巷中，也叫三教阁，供奉佛、道、儒三教之主，始建年代不详，只留下重修碑，记其于清乾隆八年（1743 年）重修。目前建筑保存状况较好。

图 3-1-25 丁字阁

图 3-1-26 古槐

图 3-1-27 古井

4. 历史环境简介

（1）古槐。古槐（图 3-1-26）位于拐子街，植于明永乐年间，距今已有 600 余年历史。

（2）古井。古井（图 3-1-27）修于清代，为当时居民的饮水之源。

（3）防空洞。防空洞（图 3-1-28）是冶陶土地会议期间为防空袭而修建的，酷似延安窑洞。

图 3-1-28 防空洞

安子岭村

（一）村落概况

基本情况 安子岭村隶属武安市冶陶镇，位于镇南部 4 千米处。该村四面环山，由古村落和山寨两部分组成。古村落内的建筑主要为明清至民国时期的全石结构建筑。由于村庄逐渐扩大，古村落现已被围在村西南一带，总占地面积为 10 000 平方米左右，约占安子岭村总面积的 1/4。古村落由庙宇、民宅、街楼、池塘等组成。山寨在村西凤凰山山巅，明朝时期此处驻兵为躲避匪患而建。安子岭古村落及山寨于 2008 年 10 月入选河北省文物保护单位。2012 年，安子岭村被列入首批中国传统村落名录。

历史沿革 据《武安县志》记载，明朝初期，有吴姓人氏来此垦荒定居，后历经一百多年到明弘治年间，此处已发展成为一个有 300 多户人家的自然村。至明万历、天启年间，由于迁来者增多，村庄不断扩大。因该村前有一山岭形似马鞍，故取村名为“鞍子岭”。因“鞍”与“安”同音，后演变为安子岭。近代，在古村落西部和北部逐步形成了安子岭新村。

（二）空间格局

古村落格局呈组团形，即以周边山体为依托，构成 4 个组团，各组团内的院落依山就势，随地形、道路而变化，同时又通过菩萨殿等公共建筑联系成为一个群体空间组合形态。古村落以村中古石桥为起点，沿主街布置菩萨殿、祠堂、关帝庙等公共建筑，由菩萨殿、日池、月池等形成村内的公共开放空间。村庄格局充分结合本村的地理条件，营造错落有致的宅群组合和多层次的环境空间。安子岭村的村落环境见图 3-1-29，街巷空间见图 3-1-30，民居鸟瞰见图 3-1-31。

（三）物质文化遗产

安子岭村所在区域在明代初期开始有人居住，后来者日众，渐成村落，街分南北，就地取材，隔河而建。建筑多由石头垒砌而成，采用木石结构，现保存较好的明清至民国时期的建筑共有 100 余处。安子岭村民居建筑受周围山区地形的影响，保留下来的大部分古院落为一进院，也留存有少数沿横轴排列的并联式院落、一主一次的并列偏跨院。并联式院落的两个院落之间等级一致，连接两个院落的侧门一般开在东南方向。

安子岭古村落布局呈不规则长方形，南北长约 390 米，

图 3-1-29　村落环境

东西宽约 280 米。目前村内能形成全石古建筑群体的院落共有 189 处，其中平房院 69 处、瓦房院 6 处、瓦房楼院 24 处、平顶楼院 90 处。

1. 传统民居

“两甩袖”形制为邯郸西部山地传统村镇所独有。其正房坐北朝南，平面呈“凹”字形，在正房两侧的尽间，各凸出一间或半间偏房，结构仍为一个整体，形似甩出去的两只袖子。安子岭村的传统民居见图 3-1-32。

图 3-1-30 街巷空间（组图）

图 3-1-31　民居鸟瞰

图 3-1-32　传统民居

2. 公共建筑

（1）菩萨庙。菩萨庙（图 3-1-33）建于明代，位于村中部，坐北朝南，一进院落，由山门和正殿组成。山门面宽 1 间，进深 2 间。屋脊有莲花砖雕，灰布筒瓦盖顶，装饰有兽面瓦当、花草纹滴水。

（2）龙王庙。龙王庙（图 3-1-34）建于清代，位于村北，坐北朝南，一进院落，由山门和正殿组成。山门门楼为悬山顶，正殿为歇山顶，均于近年重修。

3. 历史环境简介

安子岭村中心有一条季节性河流，过去此河上建有一座双孔青石桥，桥两侧设护栏，青石栏板上雕刻有宣扬儒家思想的二十四孝图，石柱顶端有若干尊十二生肖石雕，栏杆构件的石榫与榫窝相连接，相当精美。此桥是当地屈指可数的石桥艺术精品。在 1963 年的特大洪灾中，古石桥的石柱和护栏被冲毁，“文革”时期重修时，护栏被改造为如今的水泥护栏，故此桥俗称“文革桥”。重修后的石桥见图 3-1-35。

图 3-1-33　菩萨庙

图 3-1-34　龙王庙

图 3-1-35　安子岭石桥

固义村

（一）村落概况

基本情况 固义村位于武安市冶陶镇冶陶村东约 1 千米处，地处南洺河河套腹地，南临洺水，北依药王山，距武安市区 25 千米，是典型的太行山区古村落。固义是一个大村，有 700 多户，近 3 000 人。2006 年，村里世代相传的民俗活动——傩戏《捉黄鬼》被列入我国首批非物质文化遗产名录。2012 年 12 月，固义村被列入首批中国传统村落名录。

历史沿革 据《武安县志》记载，早在后周显德年间，这里就是一个规模相当大的村庄。固义村建村的历史始于唐代，至宋、元、明时期村名一直为“固亦村”，后根据唐代大文学家韩愈《原道》中的“行而宜之之谓义”、三国时期曹植的诗句“亲交义不薄”等语而改名为“顾义”，再后来“固亦”和“顾义”两个村名中的“固”和“义”字组合在一起，演变为现在的“固义”。

（二）空间格局

固义村地势北高南低，按固义人的习惯，以东、西阁为界，将村子分为阁里和阁外。古民居在阁里，新民居在阁外。一条石板主街巷贯通东西，两侧为明清、民国时期的建筑，多为单层。主要街巷的平均宽度为 5 米，古时为西通秦晋之要道。东阁有明清时期商帮路过留下的车辙。村内有两条东西向主要街道。旧时，该村有 6 座阁楼，每座阁楼下为通道，阁上供奉神位。村内所有房屋均在 6 座阁门以内，防御之意明显。固义村的村落环境见图 3-1-36，街巷空间见图 3-1-37，民居鸟瞰见图 3-1-38。

（三）物质文化遗产

村内庙宇、门阁众多，门阁为村子的出入口。村内现存主要公共建筑有佛堂寺、关帝庙（西阁）、南关帝阁、三眼阁、钟灵桥、三贤阁、东阁、观音堂和三教堂等。村庄内现有石板街一条，碎石道一条，为村落建成至今保存较好的传统街道，同时也是傩戏表演的主要路线。村庄外有奶奶庙、山神庙，村西有固义西遗址，村东北有西岗北遗址、西岗遗址等。

图 3-1-36　村落环境

西大街

丁家胡同

后街

东大街

图 3-1-37 街巷空间

图 3-1-38　民居鸟瞰

1. 传统民居

固义村民居以民国时期建筑为主，但建筑结构、材料、风格均与明清时期的建筑类似，采用传统的“两甩袖”布局。传统民居丁家大院（图 3-1-39）建于明代，建筑采用清水砖墙、拱形门窗洞口、木制门窗。正房和厢房都是 2 层灰瓦坡顶建筑，每层 3 间，建筑保存完整。

2. 公共建筑

村内阁楼、寺庙较多。阁楼多分布于主路入口处，其上为庙、下为阁。庙多为居民祈福所用，阁具有较强的防御功能。庙的砖雕、木刻较为精致。

图 3-1-39　丁家大院

（1）观音堂。观音堂（图 3-1-40）建于清代，坐北朝南，由前后两殿组成，前殿为卷棚无脊式，后殿为硬山顶，面阔 3 间，进深 2 间，高 4.6 米，均于近年重修，两殿连搭，相距 0.9 米。

（2）三教堂。三教堂（图 3-1-41）始建于清代，20 世纪六七十年代部分建筑被拆除，现仅存正殿。三教堂坐北朝南，面阔 5 间（15 米），进深 2 间（6 米），高 5.8 米，为硬山式建筑，阴阳瓦覆顶。槛墙及木装修、地面都为后来所建。

（3）佛堂寺。佛堂寺（图 3-1-42）建于明代，一进院落，原有山门、正殿、配殿等，现仅有正殿为历史建筑，为硬山顶，面阔 5 间，进深 2 间，高 6.25 米。佛堂寺位于村庄最高处，坐北朝南，占地面积约为 2 000 平方米，建筑面积约为 500 平方米。

观音堂石刻浮雕

正面

图 3-1-40 观音堂

图 3-1-41 三教堂

（4）南关帝阁。南关帝阁建于明代，位于村南，分为上下 2 层，下为过街券洞。有文字记录该券洞南券由砖砌而成，二伏二券，下部用 6 层条石砌筑。北券为石券，一伏一券，券跨 2.34 米，矢高 3.0 米，进深 10 米。目前南关帝阁已经过重修，现状见图 3-1-43。

（5）三贤阁。三贤阁（图 3-1-44）建于清代，位于村北，由中间向西开出券道，形成“丁”字阁，各个券道均为下层石砌，上层砖券，为二伏二券。南北券深 5.5 米，东西券深 6.65 米，券跨 2.30 米，矢高 2.40 米，供奉刘备、关羽和张飞的神像。

佛堂寺大门

佛堂寺正殿

图 3-1-42　佛堂寺

正面

背面

券洞

阁上石雕

图 3-1-43 南关帝阁

正面

3. 历史环境简介

（1）钟灵桥。钟灵桥建于明代，位于村东北。桥沿东西方向穿阁而过，桥下溪河早已淤塞，桥拱已被填。现北侧拱券为石券，一伏一券，顶部吞水兽瞋目张须，形态威严。桥长 7.60 米，宽 3.67 米，桥面至吞水兽顶高度为 3.5 米。桥下流水，桥上走人。

（2）盘龙镇桥。盘龙镇桥（图 3-1-45）位于石板街中部，距离三教堂 30 米，始建于明代，用于排涝。

背面

图 3-1-44　三贤阁

图 3-1-45　盘龙镇桥

第二节 伯延镇

伯延镇位于武安市南部，距市区 10 千米，位于河北南部太行山向东与华北平原交会处，镇政府驻先进街（伯延村）。伯延镇南依鼓山，北临南洺河，辖 15 个行政村，总面积约为 43 平方千米。2012 年，该镇伯延村被列入第一批中国传统村落名录。2014 年，伯延镇入选第六批国家级历史文化名镇。

伯延镇的历史可上溯到北宋元祐年间，当时几户人家迁居此地，垦田稼穑，初建成村。起初因此地地形地貌形如大雁，故称“伯雁”，后来“雁”被改作“延”，称为“伯延”。清道光年间此处设立集市，伯延镇为武安八大镇之一。现今遗存的伯延古民居大多形成于清末民初，当时正值乱世，兵患、匪患频繁，百姓深受其害，故民居建筑表现出很强的防御性特征。1953 年此处建伯延乡，1984 年改为伯延镇。1996 年，庄晏乡被撤销并被并入伯延镇。

伯延村

（一）村落概况

伯延村位于武安市伯延镇的核心区域，村域面积约为 13.3 平方千米，2012 年被列入第一批中国传统村落名录。伯延村位于武安盆地南部，岳峰渠东西贯穿村庄南部。伯延村的古民居建筑宏大精美，现存清末民初建筑 150 余处，是冀南大地保存较为完整的清末民初建筑群。伯延村古建筑分布见图 3-2-1。

（二）空间格局

伯延村地势南高北低，依山傍水。自然发展形成的街巷曲折蜿蜒，纵横交错，并随地势高低起伏，空间延伸感较强。街巷设置多采用“L”形、“丁”字形，曲折延伸，行人容易迷路，而镇内居民却可穿行自如。街巷的两边是宅院的山墙，坚实厚重，常有六七米之高。街巷的尺度并不宽阔，最宽处只能容两辆马车并行，宅间小巷仅能容一人一马通

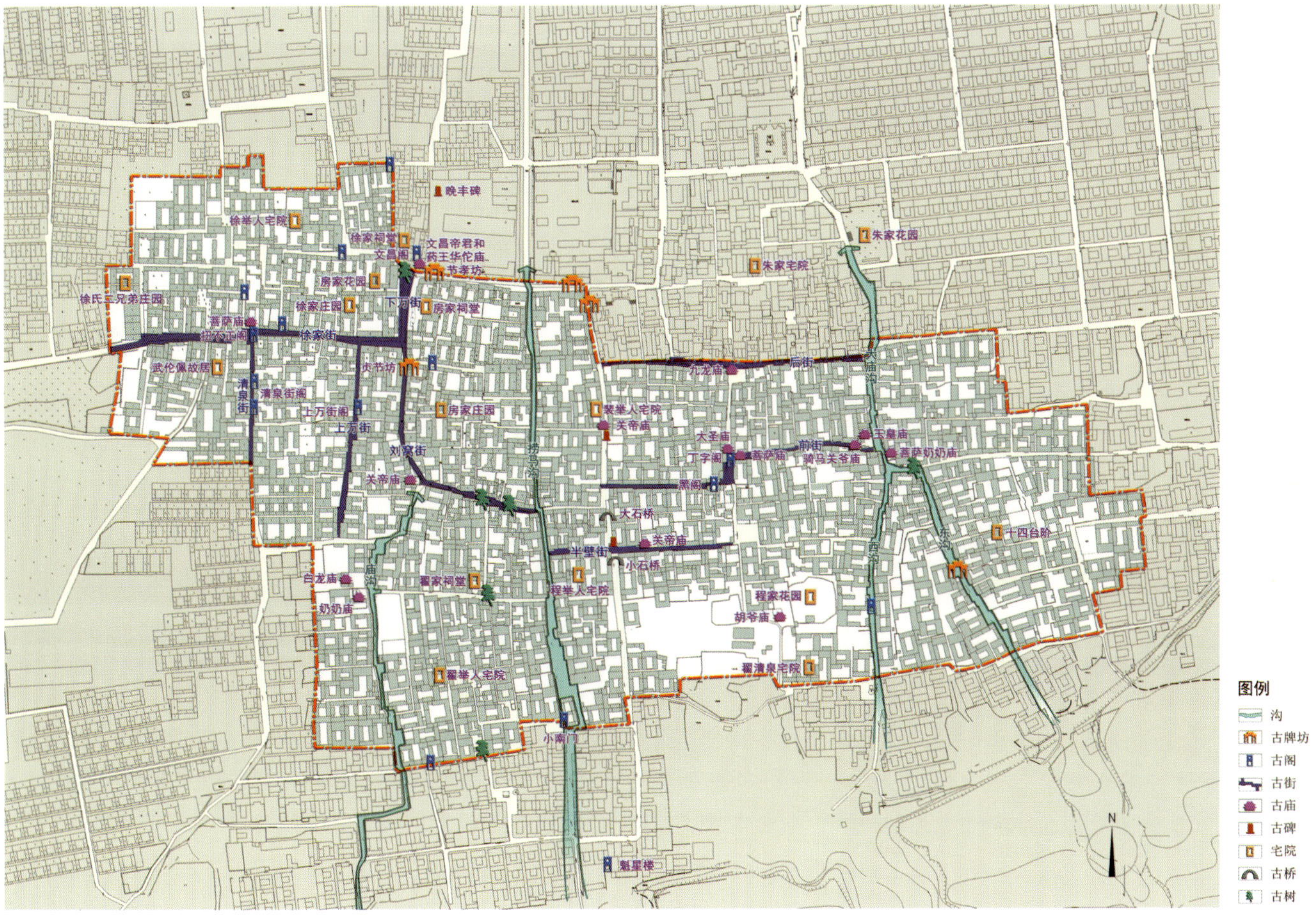

图 3-2-1 伯延村古建筑分布

过，有的仅容一人通过。这种人性化的小尺度空间让人感到平实亲切，拉近了邻里之间在空间和心理上的距离。宅间小巷的空间变化也较为丰富，很少有一通到底的小巷，通过一两处宅院后小巷总会有意无意地转折一下，形成曲折交叉的巷道。伯延村的街巷空间见图 3-2-2。

1. 传统民居

伯延民居具有典型的北方四合院式建筑特色。院落依山就势，起伏错落，一般以北屋为上，房屋左右对称，有明显的轴线，中间是上房，左右是厢房，主次关系明确。东厢房略高于西厢房。宅院一般是正面临街，侧面临巷，大门开向街道，侧面开小角门与小巷连通。庭院与庭院之间通过位于中轴线上的门或堂屋连通，空间收放结合，变化丰富，序列感强。大的宅院通常沿中轴线方向由几进院落组成，一般为一进院、二进院或三进院，呈“口”“日”或“目”字形，最多的可达到四进院落。院落群构成的方式主要有两种：一种是串联式，即一条东西向的巷道北边并列两三座院落，院子在正中间开门，或是一条南北向的巷道西侧并列两座院落，每座院落在东南方向开门与巷道相通；另外一种是并列式，即一条南北向的巷道两边对称分布几座院落，门向中间巷道开设，巷道尽头为连通东西两排合院的倒座房，其正对巷道的山墙建有影壁。

（1）徐安卿宅院。徐安卿宅院（图 3-2-3）又名高树勋旧居，位于村西南部，为民国时期建筑。其占地面积为 831 平方米，一条南北过道连接两个院落，过道两端有门楼，呈封闭式。北门楼匾额刻有“化日光天”，南门楼匾额刻有“三多九如”。每个院落分为前后两院，共 4 个院落。

（2）徐家庄园。徐家庄园（图 3-2-4）位于先进街，建于清末民初时期。庄园原有房屋 90 余间，结构严谨，布局合理。庄园平面呈长方形，坐北朝南，中轴线为南北向，东西厢房对称排列，四进四合院从南到北顺序排列，采取门户贯通、九门相照的格局。东侧有偏院两座，为仆人、长工、牲口共处的大杂院。整个院落的左侧为 4 米宽的过道，过道门同宅院大门并列，内有旁门和宅院相通。自第一进院落开始，各院地基逐级升高。除第四进院落东、西、北房为两层外，其他房屋都为一层。庄园建筑为砖木结构，个别部位为木结构，交接部位一般采用楔头连接。

（3）翟举人宅院。翟举人宅院（图 3-2-5）位于伯延胜利街中部，为民国时期建筑。两院之间以月洞门连通。月洞门由 8 块券石组成，上方有石制匾额，门高 1.9 米，宽 1.4 米，通高 3.6 米，现保存基本完整。

（4）房家庄园。房家庄园（图 3-2-6）位于先进街内。整个庄园共由 20 余处院落组成，有 500 余间房屋。庄园南北长约 100 米，东西宽约 80 米，面积约为 8 000 平方米。

图 3-2-2　街巷空间（组图）

局部

院落

大门

房门

图 3-2-3 徐安卿宅院

院落 1

大门 1

院落 2

大门 2

大门局部

图 3-2-4　徐家庄园

大门

院落

图 3-2-5 翟举人宅院

局部 1

局部 2

局部 3

大门

图 3-2-6 房家庄园

2. 公共建筑

（1）伯延胡爷庙。伯延胡爷庙（图 3-2-7）面阔 6 米，进深 4 米，高 4.7 米。殿后墙向后开一券洞，里面塑胡爷像，洞高 2.5 米，深 4.3 米，宽 2.5 米。

（2）伯延丁字阁。伯延丁字阁（图 3-2-8）为南北通巷，中间向东开口，形成“丁”字形，故称丁字阁。阁券为砖砌，均为一伏二券。东券口上方有匾额“兹云广荫”，阁内有门杠石（两侧各一个）。阁南北长 7.2 米，东西长 8.9 米。券洞高 2.7 米，宽 3 米。

（3）伯延黑阁。伯延黑阁（图 3-2-9）为东西走向的过街券道。因里面光线很差，老百姓称之为黑阁。阁下部是 5 层条石，上为砖券，券拱为二伏二券。上方没有匾额，亦无碑刻。阁券东西长 12.35 米，券洞宽 2.6 米，高 3 米。

（4）伯延关帝庙。伯延关帝庙（图 3-2-10）坐东朝西，为砖石木结构、单檐硬山布瓦顶建筑，面阔 1 间，进深 1 间（2.3 米）。其现存碑刻 6 通，嵌于庙内墙壁，均为长方形卧碑，分别立于明崇祯和清雍正、道光、光绪年间，尺寸约为 0.5 米 ×0.8 米。该庙与其他关帝庙不同，内塑骑马关爷像，塑像旁边有一马童牵马。此庙遗址保存完整，近年重修过。

（5）建设街北关帝庙。北关帝庙（图 3-2-11）坐东朝西，面阔 1 间，进深 1 间，近年重修过。庙内存碑 1 通，嵌于殿内墙壁，为长方形卧碑，记述了塑关帝像时的情况及捐资人名单，年款为清康熙七年（1668 年），碑宽 0.42 米，高 0.30 米。

（6）建设街南关帝庙。南关帝庙（图 3-2-12）坐东面西，面阔 1 间，进深 1 间，近年重修过。庙内存清康熙七年（1668 年）碑碣 1 通，高 0.3 米，宽 0.42 米。

（7）伯延玉皇庙。伯延玉皇庙（图 3-2-13）坐北朝南，一进院落，由山门、正殿和东西厢房组成。正殿面阔 3 间，进深 1 间，为硬山式建筑，近年重修过，内供玉皇大帝。正殿东侧另起平顶小厦，内供财神。东配殿为后世建筑，平顶 4 间。西配殿已不存，近年建起平顶水泥房 2 间，存碑 2 通。

（8）伯延菩萨奶奶庙。伯延菩萨奶奶庙（图 3-2-14）由山门、院墙、菩萨殿和奶奶殿组成。西为菩萨殿，东为奶奶殿，总面阔 8.6 米，进深 4.1 米，高 3.5 米，内存碑 3 通。

图 3-2-7　伯延胡爷庙

图 3-2-8　伯延丁字阁

图 3-2-9　伯延黑阁

图 3-2-10 伯延关帝庙

图 3-2-12 建设街南关帝庙

图 3-2-11 建设街北关帝庙

图 3-2-13 伯延玉皇庙

图 3-2-14 伯延菩萨奶奶庙

3. 历史环境简介

（1）伯延晚丰碑。伯延晚丰碑镶嵌于伯延小学院墙内，清同治六年（1867 年）立。该碑采用青石料，为长方形卧碑，长 1.1 米，宽 0.49 米，主要记述了清同治年间大旱，至立秋节气前 13 天才落雨以及农民因下雨而欢天喜地的情形。

（2）十四台阶。十四台阶高差较大，为民国时期村民为组织竖向交通而修筑。

（3）大、小石拱桥。村内北侧大石拱桥长约 30 米，宽约 5 米，桥体框架保存完好，桥洞基本被泥土填满。南侧小石拱桥长约 15 米，宽约 5 米，桥洞也基本被土填满。

第三节 邑城镇

邑城镇位于武安市北部，距武安市区 17 千米，共辖 25 个行政村，总面积为 67 平方千米。邑城镇建镇历史悠久，始建于春秋时期，自秦朝实行郡县制以来，几度为县邑所在地，故曰“邑城”。邑城镇历经修缮，逐渐成为“巷为棋、道通衢、扼关隘、商贾集”的重镇，是武安市八大古镇之一。

白府村

（一）村落概况

基本情况 白府村位于武安市区正北 18 千米处，距邑城镇政府驻地邑城村 2.5 千米；西靠太行山，东与丰里村毗邻，南与东马项村相连，西与史石门村接壤，北与邑城村相邻。白府村以丘陵为主，地势西高东低，四面环山。村内有一条古沟渠，村庄建设沿古沟渠自西向东顺势而下，逐步扩展，整个村落根据地势变化，层次分明，空间格局丰富。村内现存大量寺庙、民宅等古建筑，如天地堂、关帝庙、土地庙、百佛寺遗址等。2012 年，白府村被列入第一批中国传统村落名录。

历史沿革 相传明永乐年间，有一朱姓人家由山西洪洞县迁到沙河渐凹村，后又迁到白府村西 1 千米处沟南的朱家窑垦荒入户，后因土薄水差，生存困难，最终迁移到现址安居。当时在村东南有一座红门寺，寺内供有一百多尊佛像，故村名取为“百佛村”，清康熙年间，后人借音“百佛”改村名为“白府”。清雍正年间，白府村隶属河南省彰德府。1949 年中华人民共和国成立后，白府村由河南省划归给河北省。

（二）空间格局

白府村是一个拥有几百年历史的村落，有着完整的村落格局和独特的形态。整个村落主要分为 3 个区，分别为南场、北场和当街。南场和北场的主要建筑物大都是近 30 年兴建的。当街又称老街，整条街贯穿南场东头与北场西头。古村落的街巷由青石铺砌而成，街巷胡同曲折蜿蜒，纵横交错，并随地势高低起伏，空间延伸感较强。街巷尺度并不宽阔，石街石巷蜿蜒迂回，放射状道路系统构成了村落的框架。白府村的村落环境及街巷空间见图 3-3-1。

图 3-3-1 村落环境及街巷空间（组图）

（三）物质文化遗产

1. 传统民居

白府村现存的民居院落均分布在古街两侧，共有 30 多处，建筑单体约 86 个，其中包括朱云章宅院、朱云凌宅院、朱广凌宅院等。院落多为典型的北方合院式，平面布局多为长方形。院落形制包括三合院、一进四合院和二进四合院。院落沿着古沟渠布置，由于受地形限制，白府村各院落并不都是坐北朝南。

（1）朱家大院。朱家大院坐北朝南，院落总长度 46.62 米，总宽 13.11 米，占地面积约为 611 平方米。大院由三进院落组成，有建筑 7 座。朱家大院局部见图 3-3-2。

图 3-3-2 朱家大院局部

（2）北楼院。北楼院建于明末清初，由朱成德、朱启元两代所建。其位于白府村当街，坐北朝南，有出厦门楼，一进三穿院。南楼为 2 层楼房，北屋为青瓦 2 层楼，东西有 2 间厢房，朝街有 2 个出厦明柱。北楼院目前破损比较严重，大门和影壁见图 3-3-3。

大门

影壁

图 3-3-3 北楼院

（3）花门楼。花门楼（图 3-3-4 和图 3-3-5）建于清乾隆三十五年（1770 年），坐北朝南，位于当街北边，由朱家祖先朱来孝所建，面积约为 3 500 平方米。院落是一进五穿院，有客厅 5 间，东西厢房隔扇 2 个，加明柱甩袖 2 个，实木所制，五脊六兽，出厦门楼 5 个，排列形状似梅花，故称“花门楼”。朱来孝一生重视教育，令后人三代五人从教，在本家设立教书堂，故花门楼又称“书香门第”。

（4）南楼院。南楼院（图 3-3-6 和图 3-3-7）坐南朝北，位于白府村当街南边，始建于明末，占地面积约为 600 平方米。南楼院有出厦门楼，此门楼高约 8 米，门宽约 3 米，其高大程度居武安古民居门楼之最。北客厅外有直径约 0.3 米、高约 5 米的木制明柱 3 个；内有木制明柱 4 个，房顶有五脊六兽，采用青砖蓝瓦铺盖；下有“寿”字形隔扇，长 3 米，高 5 米，全为木结构。此楼院为下、中、上一进三穿院，瓦房 2 层楼，全部为青砖墁院。进门、客位、上院、主楼房均为 7 台阶，中院为 5 台阶，所有大小门墩均为大理石制成。

（5）朱云章宅院。朱云章宅院（图 3-3-8）地处白府村最西端，始建于清嘉庆年间，坐西朝东，是白府村较为完整的四合瓦房院。此宅院由朱云章祖父所建，共 16 间房屋。隔扇、抱厦均为实木制作，用材上乘，布局合理，样式别致。

正房

大门

院落 1

院落 2

图 3-3-4　花门楼 1

院落

隔扇与出厦明柱

局部

木雕

图 3-3-5 花门楼 2

大门

外观

院落

二门

隔扇

局部

图 3-3-6　南楼院 1

屋檐

隔扇局部

图 3-3-7 南楼院 2

正房

两甩袖

门楼

图 3-3-8 朱云章宅院

2. 公共建筑

（1）土地庙。据庙碑记载，土地庙始建于清康熙四十一年（1702 年），由当地大会首朱朝彰等 10 余人发起建造。土地庙坐东朝西，坐落在老街（当街）中部偏东，因年久失修，破损严重。2008 年，有李贵祥、朱世珍等人带领村民按照土地庙原形状在原地基对其进行修复。土地庙保持了原貌，样式独特，别具一格。庙里供奉着土地爷塑像，塑像前左右两侧供有小石人像，小石人像背后刻着朱姓祖先朱玘、朱敖的名字。修复后的土地庙见图 3-3-9。

（2）天地堂。天地堂原建于清康熙五十五年（1716 年），后由朱朝凤组织领导新建天地堂一所（图 3-3-10）和戏楼一座。新的天地堂坐落在老街中部，坐北朝南，面阔 3 间，进深 1 间，前出廊，为硬山布瓦顶建筑，面阔 5.41 米，进深 4.61 米。

（3）关帝庙。相传关帝庙原是一个小庙，始建于明代。清乾隆十年（1745 年），村民对关帝庙进行了扩建。扩建后，关帝庙坐落在老街东部，坐北朝南，占地面积 150 平方米，当时由朱来后、胡永全等 20 余人带领建造，工程浩大，庙宇壮观，方圆百里独一无二，后被毁。2008 年，当地人按照原式原样在原地基上重新修建了关帝庙，重建的关帝庙见图 3-3-11。

3. 历史环境简介

（1）魁星楼遗址。魁星楼由清代朱仓等人发起建造。在白府村东南方凸起的地方，石匠李万全等人用上等料石建成了 8 米高的塔楼——魁星楼，并在村东用料石砌成了深 5 米、宽 10 米、长 30 米的梯形绿水池。魁星楼象征笔，绿水池象征墨砚。天地堂、魁星楼、绿水池融为一体，为村庄接星兆祥。现魁星楼已损毁，只留遗址。

（2）琉璃牌坊。琉璃牌坊坐落在村内老街西头桥上，建于 1915 年，南北走向，样式独特，方圆百里独一无二。此牌坊是因朱云中之子朱振生 15 岁少亡，为朱云中之妻赵氏无儿无女守妇道而建，后被毁，至今未修复。

（3）古槐树。古槐树位于村东老街进口向北 30 米西堰，因年代久远，其树龄已无法考证。目前古树高 10 余米，仍枝繁叶茂。

（4）绿水池。绿水池位于村东，由料石堆砌而成，深 5 米、宽 10 米、长 30 米，形状为梯形。绿水池在初建时有泉水，长有莲花、水草，象征着墨砚，现已废弃。

（5）古桥。清嘉庆年间，村西建有一座古桥，桥长 60 米、宽 3 米、高 2.5 米，桥上有房屋，桥东西两侧各建有一阁。据说，建桥和阁一是为了防洪排水，二是为了补足风水。现在古桥已经不再使用。

（6）古墓群。白府村东 1 500 米和西阳苑交界处，有一个很大的土堆，因在两村交界处，故人们称其为中疙瘩。文物普查时，其被确定为汉代古墓群。

图 3-3-9　土地庙

图 3-3-10　天地堂

图 3-3-11　关帝庙

第四节 管陶乡

管陶乡位于武安市西部深山区，是两省（河北省、山西省）三县（武安县（现武安市）、涉县、左权县）交界处，总面积约为 188 平方千米。管陶乡辖 38 个行政村，108 个自然村。本乡旅游资源丰富，朝阳沟景区已对外开放，朝阳湖、永宁湖、龙凤山、梁沟八路军兵工厂旧址、荒庄新华社旧址正在开发。

朝阳沟村

（一）村落概况

基本情况 朝阳沟村位于十八盘山脉南麓，是南洺河的发源地。村子东西横跨近 5 千米，南北纵距约 3.5 千米，地处太行山深山区，位于晋冀两省交界处，距武安市市区 65 千米。2014 年朝阳沟村被列入第三批中国传统村落名录。

历史沿革 朝阳沟村原名并不叫朝阳沟，而是包括列江村和西沟村两个自然村。相传，宋太祖赵匡胤行至此地，所骑之马受惊，缰绳断裂后狂奔，所幸被神仙所救，因此而得村名“裂缰”，后依谐音改为“列江”，历经多年，逐渐形成了现在的自然村落。朝阳沟景区成立后，2006 年，西沟村村民被迁至列江村，列江村改名为朝阳沟村，村子附近的车谷水库改名为朝阳湖。经过 10 多年的建设，朝阳沟景区已成为闻名遐迩的国家 AAAA 级景区。

（二）空间格局

朝阳沟村的西沟村部分位于山沟深处，海拔高出朝阳沟村约 50 米。由于地形险峻，平地甚少，村内民居占地面积极小，少有院落，多为 3 间住房。民居多坐北朝南，但四合院以西为上，正房坐东朝西。院落之间高低错落，多台阶。朝阳沟村的村落环境见图 3-4-1。

（三）物质文化遗产

据资料记载，原西沟村村落主体始建于明代，历经数百年保留至今，其间仅进行过简单的修整，原建筑风貌依然保存完好。村内建筑数量较少，建筑的选址和布局完整保留了原有形制。现村内民居已无人居住，朝阳沟景区将其作为传统建筑展示区进行了开发利用。朝阳沟村传统建筑分布见图 3-4-2。

1. 传统民居

朝阳沟的建筑依山势而建，很多建筑巧妙地错层布置，使两层建筑南北开口，大大增加了山体的可用空间。村民就地取材，以石材作为建筑材料，使传统民居体现出当地晋冀相融的独特的建筑风格。

（1）二大娘旧居。该建筑原为西沟村的民居，后被景区作为豫剧《朝阳沟》中的角色——二大娘的居住房屋。该建筑保存情况良好，为 1 层建筑，共 3 开间，建筑主体部分由当地石料砌筑，其中墙体由石块砌筑，屋顶由石板搭筑，见图 3-4-3。

图 3-4-1 村落环境

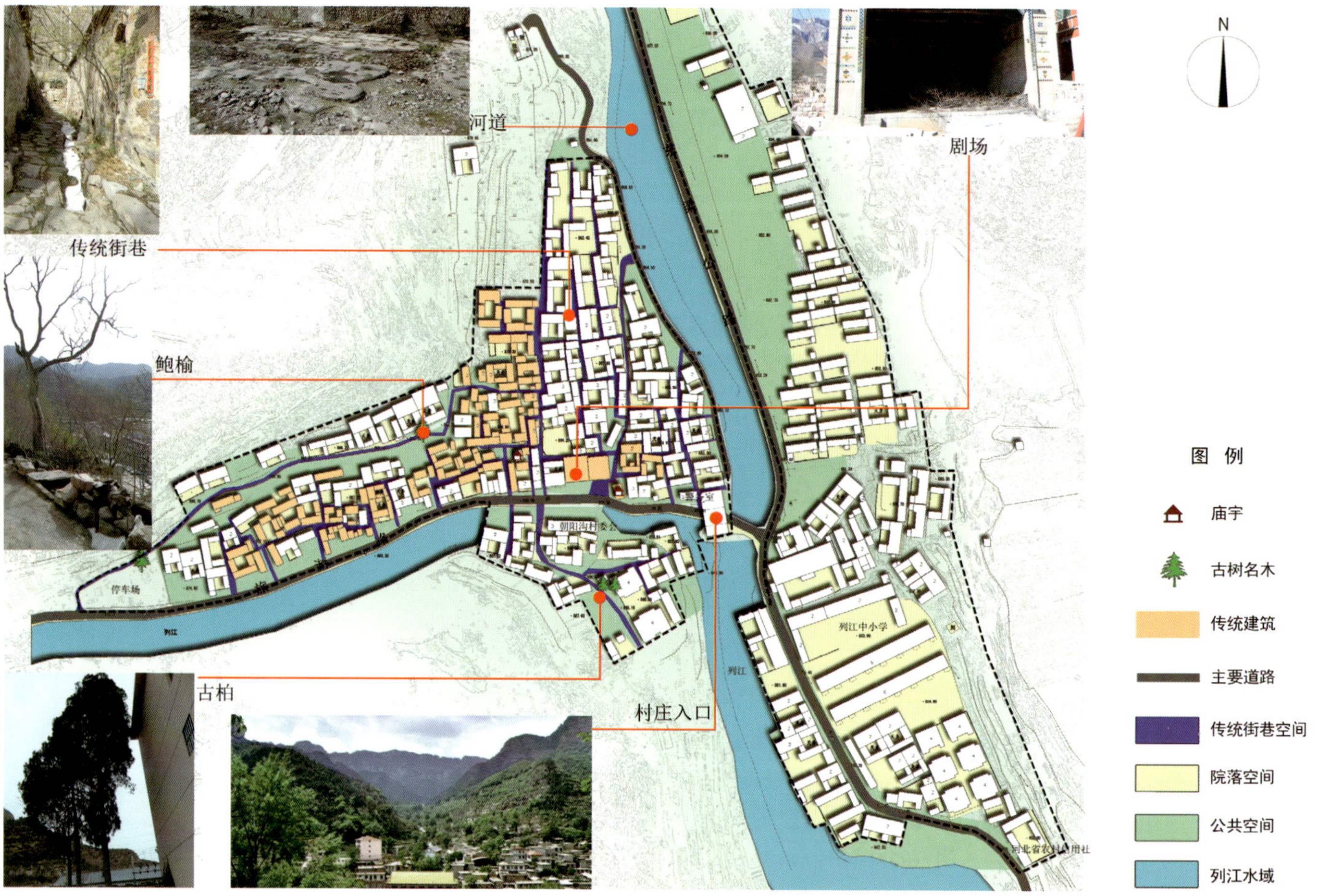

图 3-4-2　传统建筑分布

（2）老小孩旧居。该建筑为单层，石木结构，保存良好，共 3 开间，整体结构由当地石料砌筑，其中墙体由石块砌筑，屋顶由石板搭筑。窗户部位的砖券样式为木梳背券，窗户样式为方格式，见图 3-4-4。

（3）小牧童旧居。该建筑为单层，石木结构，保存良好，共 4 开间，整体结构由当地石料砌筑，其中墙体由石块砌筑，屋顶由石板搭筑。窗户部位的砖券样式为平口券，窗户样式为方格式，见图 3-4-5。

（4）旧农具展览室。该建筑为单层，石木结构，保存良好，共 5 开间，整体结构由当地石料砌筑，其中墙体由石块砌筑，屋顶由石板搭筑。窗户部位的砖券样式为平口券，窗户样式为方格式，见图 3-4-6。

图 3-4-3　二大娘旧居

图 3-4-4　老小孩旧居

图 3-4-5　小牧童旧居

图 3-4-6　旧农具展览室

2. 公共建筑

九龙庙（图 3-4-7）位于朝阳沟村东部，占地面积 35 平方米，高约 4.2 米，建于清朝末年。因该村以西为贵，故建筑坐东朝西，面阔 3 间，进深 1 间，平面形式为前出廊式，台阶样式为垂带踏垛，共 5 级。屋顶为硬山式，斗拱为一斗二升。建筑正立面采用青石砖砌筑，其他面均采用本土的石材砌筑。

图 3-4-7　九龙庙

第五节 阳邑镇

阳邑镇地处武安市西部边缘，距武安市区 27.7 千米，北临活水乡，西与管陶乡和涉县接壤，南接冶陶镇，东与石洞乡、西寺庄乡和贺进镇交界，是武安市西部区域的中心，南洺河纵贯全镇。阳邑镇面积为 107 平方千米，辖 24 个行政村，2007 年入选河北省第一批历史文化名镇。

阳邑古镇

（一）古镇概况

阳邑古镇始建于战国时期，因地处南洺河之阳，故名阳邑，隋开皇十年（590 年）置阳邑县，元代时镇内商业繁荣，手工业发达，曾设“炉官”和“税使”。抗日战争时期，武安县抗日民主政府驻此地，中华人民共和国成立后其一直为区、乡政府驻地。阳邑古镇的村落环境见图 3-5-1。

（二）镇内街巷

（1）阳邑商贸街。阳邑商贸街（图 3-5-2）位于阳邑村内，形成于明代。街道东西长约 1 500 米，宽 5~10 米，街道两侧保留有各类旧式商业店铺、传统民居 300 余处。

（2）柳家河街。柳家河街（图 3-5-3）位于阳邑古镇北部 5 千米处的柳家河村内，形成于明代。街道东西长 360 米，宽 5~15 米，由大小不一的石板铺就。街内保留有明代村口阁 1 座、300 余年树龄的古槐 1 株。街道两侧有典型的砖石木结构旧式楼房与四合院 30 余处。街心有天然山泉 1 处，泉水渠道长 300 米，泉水四季不涸。

（3）大井街。大井街坐落于阳邑古镇南 5 千米处的大井村内，形成于明清时期。街道南北长约 380 米，宽 5~10 米，由大小不一的青石板铺就。街巷两侧保留了传统的四合院民居 50 余处，村内另有 400 余年树龄的古槐 1 株和古井 1 处。

（三）物质文化遗产

1. 公共建筑

（1）甘露寺。甘露寺（图 3-5-4）建于明代，位于阳邑镇龙务村东北，现存建筑有阎王殿 2 间、关帝庙 1 间、配殿 3 间、龙王庙 2 间、三教堂 1 间，共有建筑 5 座、石碑 5 通、释迦佛 1 尊。

（2）柏林后土祠。新建的柏林后土祠位于阳邑镇柏林村北碧霄山山巅，由碧霄山石刻和村内的后土行宫及碑刻组成。后土祠坐北面南，原建筑有山门、钟鼓楼、大殿、拜殿、碧霞宫、龙王庙等，占地面积约 1 万平方米。据碑文记载，后土祠始建于秦汉时期，现存建筑构件均为明清时期遗存。目前大部分古建筑已无存，修复的部分建筑见图 3-5-5。

（3）阳邑戏楼。阳邑戏楼（图 3-5-6）位于距武安市

图 3-5-1　村落环境

图 3-5-2 阳邑商贸街（组图）

图 3-5-3 柳家河街

区西北28千米的阳邑西街，始建于明代，于清代重修。戏楼坐东面西，为砖石木结构，是前卷棚、后硬山勾连搭式建筑，面宽3间，进深2间，建筑面积为52.28平方米，建筑高度约7米。

（4）龙务戏楼。龙务戏楼（图3-5-7）建于清代，建筑面积为50余平方米，为砖石结构，有石柱4根，戏楼西50米处有水神庙1座，碑碣2通。

2. 历史环境简介

（1）北丛井龙山寺比丘道宝造像碑。造像碑（图3-5-8）凿于东魏，碑高1.39米，宽0.7米，厚0.26米，由青石制成，碑首为九脊歇山顶，碑身正面造像，阴面刻碑文，为魏碑体。

（2）柏林桥下金代石碣。目前残存的石碣见图3-5-9。

（3）柏林桥。柏林桥见图3-5-10。

图 3-5-4　甘露寺

图 3-5-5　柏林后土祠

图 3-5-6　阳邑戏楼

图 3-5-7　龙务戏楼

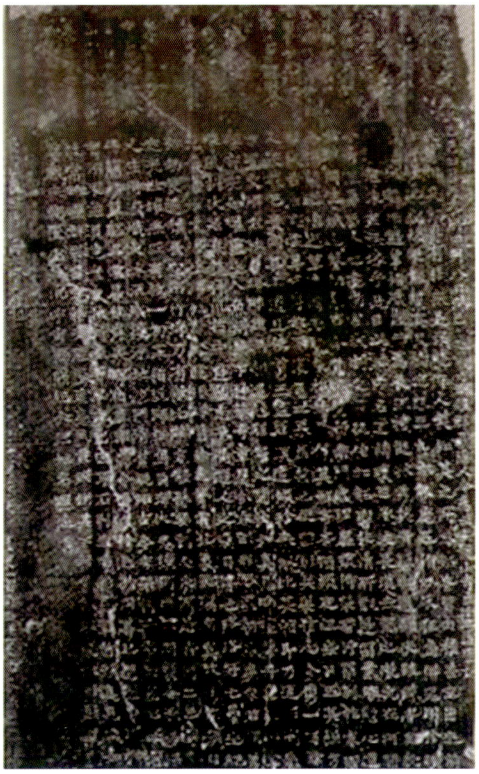
图 3-5-8　造像碑

图 3-5-9　石碣

图 3-5-10　柏林桥

第六节 非物质文化遗产

（一）传统手工艺

武安市的非物质文化遗产丰富，传统手工艺多样，有剪纸、刺绣、泥塑、书法等。各个村落会不定期举办传统民间手工艺大赛。这些传统手工艺多由村民自发发掘和传承。传承人不受限制，现有多位巧手艺人，在剪纸、刺绣、泥塑上的贡献较大，创作出来的作品令人惊叹。

村内的妇女心灵手巧，从小就学习刺绣手艺。女人出嫁所用的门帘，小孩的猫头鞋、老虎头帽子、鞋垫等，均为手工刺绣，图案大多为《丹凤朝阳》《孔雀回头看牡丹》等戏剧中的人物形象。手工艺制品见图 3-6-1。

剪纸

泥塑

鞋垫

图 3-6-1　手工艺制品

（二）民俗活动

（1）武安平调、武安落子。武安平调、武安落子是武安市独有的两个地方剧种，且能同台演出，全国罕见，2006 年被列入第一批国家级非物质文化遗产名录。据初步考证，平调产生于明末清初，落子产生于明嘉靖年间。武安平调行当齐全，有“四梁八柱”和“十二行”之说。武安平调乡土气息浓厚，风格淳厚朴实，传统剧目有 200 多个，以历史故事戏为主，也有些民间故事和神话故事戏，主要剧目有《天仙配》《盘坡》等。武安平调演出见图 3-6-2。

武安落子通常与平调同台演出，角色、行当比较齐全，主要有小旦、青衣、小生、小丑、老生，缺少花脸、武丑。历史上，小生、小旦分工不严格，常常互相兼演。武安落子传统程式很少，舞台美术、服装道具较简单，唱腔旋律简单，既能叙事又能抒情，使用武安方言，庄谐兼重，常常妙语连珠，具有强烈的太行山区乡土气息，代表剧目有《端花》等。武安落子演出见图 3-6-3。

图 3-6-2　武安平调演出（组图）

（2）固义傩戏。冶陶镇有较深厚的历史文化底蕴，所辖固义村的“固义傩戏”是固义村世代流传的、具有浓厚民间传统特色的群众自发演出的节目。固义傩戏的发现打破了“黄河以北无傩戏”的说法，它不仅是固义人的骄傲，同时也是世界的一笔文化遗产。武安傩戏最早出现在夏商时期，俗称假面戏。它不像其他剧种那样画脸谱，而是以面具塑造人物的艺术形象。傩戏在全国很多地方都有，据说源于原始社会图腾崇拜的傩祭，极具原始舞蹈风格，历史上曾一度发展成为既娱神又娱人的巫歌傩舞。今天，傩戏作为历史、民俗、民间宗教和原始戏剧的综合体，蕴藏着丰富的文化基因，也具有重要的研究价值，被称为人类文明发展的“活化石”。2006 年，武安傩戏被列入第一批国家级非物质文化遗产名录。固义傩戏演出见图 3–6–4。

图 3–6–3　武安落子演出

图 3–6–4　固义傩戏演出

（3）先进街舞狮。先进街舞狮是伯延镇代代相传的民间花会保留节目，村民们制作的狮子逼真剽悍。舞狮人舞动泼辣、技巧新奇，该节目多次在全市汇演中获奖。先进街舞狮见图 3-6-5。

图 3-6-5 先进街舞狮

图 3-6-6 柏林抬阁

（4）柏林抬阁。柏林抬阁是武安民间在每年元宵节表演的最古老的一种节目。抬阁的形式多种多样，主要是将表演者举在高空，来展示抬阁上角色的风采，一般无伴奏音乐，见图 3-6-6。武安柏林抬阁在柏林、土山、武家庄、前后李甲村等均享有盛名。

图 3-6-7 朝阳沟村的戏曲表演

（5）朝阳沟戏曲。朝阳沟村有自己的戏曲文化，其是经典豫剧《朝阳沟》的创作原型地，剧中拴保、银环的人物原型的住宅目前保存良好。同时朝阳沟村也是著名豫剧编剧、导演杨兰春的故乡。正是因为一部几十年经久不衰的《朝阳沟》，才让朝阳沟村有了今天的美誉。当地的戏曲表演见图 3-6-7。

图 3-6-8 社火表演

（6）安子岭社火。安子岭社火过去曾闻名全武安，社火内容包括抬阁、舞龙、高跷、秧歌、竹马、旱船以及戏剧艺术表演等。社火表演见图 3-6-8。

第四章 峰峰矿区

峰峰矿区属邯郸市辖区，位于河北省南部、太行山东麓，地处晋冀豫 3 省交界地带。全区面积 353 平方千米，辖 9 个镇（临水镇、峰峰镇、新坡镇、大社镇、和村镇、义井镇、彭城镇、界城镇、大峪镇）、1 个乡（西固义乡）、1 个街道办事处，有 157 个农村社区、68 个城市社区。峰峰矿区内现有名胜古迹 120 多处，其中有南北响堂石窟、磁州窑遗址、玉皇阁和水浴寺等国家级重点文物保护单位 4 处，省市级重点文物保护单位 22 处，北齐石窟文化和磁州窑文化被列入邯郸十大文化脉系。“磁州窑烧制技艺”“苇子灯阵”被列入国家级非物质文化遗产保护名录，16 项非物质文化遗产被列入省市级非物质文化遗产保护名录。

第一节 大社镇

大社镇位于峰峰矿区北部，地处太行山东麓，东、西、南 3 面与磁县接壤，北与武安市的磁山镇、淑村镇为邻；现辖 5 个社区、17 个行政村，总面积约为 42 平方千米。大社镇历史文化底蕴深厚，人文资源丰富，2008 年 12 月入选第四批中国历史文化名镇。

现在的大社镇是 1996 年 1 月 4 日原大社镇与香山镇合并后组建而成的。有关史料记载，原大社镇附近有一个寺院，名为“大阁寺”，明代以后，寺院前后逐渐建成村庄，并以“大阁”名之。后寺院因多年失修，于清末倒塌，留下的南北两村则演变为南大社和北大社。北大社现归武安市管辖。南大社 1958 年改为南大社人民公社，1985 年与薛村矿街道办事处合并，1986 年经河北省政府批准建大社镇，归峰峰矿区管辖。镇政府驻地为大社村。

大社古镇

（一）古镇概况

大社镇核心保护区（大社古镇）内的街巷主要包括护宅大街、院内甬道、太极路、东西街等。古镇内现存的传统民居较多，街巷格局清晰可见。大社古镇街巷空间见图 4-1-1。古镇内的传统建筑独具特色，雕饰精美，见图 4-1-2。

（二）物质文化遗产

1. 传统民居

（1）何家大院。百年庄园——何家大院（图 4-1-3 和图 4-1-4）俗称“又一村”，建于清代，是镇内现存传统民居的典型代表。何家大院建筑面积约为 1 600 平方米，分东西两区，西区为居住区，有何家祠堂、客位院、绣楼院、西大院、私塾院等 26 处院落；东区为何家养殖区、加工区、仓廪等建筑区域。庄园建筑为城堡式格局，庄园四边各长 100 余米，基本呈方形。兴盛时期整个院落气势雄伟、高雅富丽。院内机关暗设，院内人员可进、可退、可反击、可隐蔽，因此大院有较强的防御功能。

（2）绣楼院。绣楼院（图 4-1-5）是何家大院的一部分。绣楼院平面为长方形，南北长 31 米，东西宽 12 米，主要包括两进四合院。现存院落平面布局基本没有改变，除过厅屋顶局部坍塌外，其他建筑保存较完整。大门位于院落中间的临街位置，坐北朝南，正对大门的为直通后院的过厅。前院现存面阔 3 间的东、西厢房；后院现存正房、东厢房、西厢房 3 组建筑。

图 4-1-1 街巷空间（组图）

图 4-1-2　建筑装饰（组图）

大院入口　　巷道　　私塾院大门

图 4-1-3　何家大院 1

鸟瞰

公共空间

局部 1

局部 2

图 4-1-4 何家大院 2

内院

大门

图 4-1-5　绣楼院

（3）九门相照院。九门相照院（图 4-1-6）是何家大院的一部分。院落平面为长方形，南北长 19 米，东西宽 15 米，主要包括大门、正房、东厢房、西厢房和倒座。院落保存较完整，大门位于院落中间的临街位置，面阔 1 间，进深 1 间，为悬山顶、合瓦屋面、清水脊。正房面阔 5 间，进深 1 间，为平屋顶砖木结构；东厢房面阔 3 间，进深 1 间，为平屋顶砖木结构；西厢房面阔 3 间，进深 1 间，为半坡顶砖木结构；倒座坐北朝南，与大门组成一体，为平屋顶砖木结构。

内院 1

大门

内院 2

图 4-1-6　九门相照院

2. 公共建筑

（1）祠堂。祠堂的院落平面为长方形，南北长 18 米，东西宽 10 米，为一进四合院。除门廊、厢房被改造外，其他建筑保存较完整，现存正房、西厢房、门廊等几组建筑，局部见图 4–1–7。

（2）水浴寺石窟。水浴寺石窟（图 4–1–8）位于大社古镇西南 3 千米处，隔凤凰台和天宫峰与北响堂寺东西相峙，因水浴寺规模比南、北响堂寺小，又叫小响堂。从水浴寺西行 300 米就可见掩映在苍松翠柏中的水浴寺石窟。水浴寺石窟由两部分组成：一是窟，在水浴寺西侧坐北朝南的低矮崖壁上开凿有两个石窟；二是寺，寺在石窟东侧的山坳里，三面环山，背风向阳，红墙黄瓦。寺庙里殿堂庙宇、碑刻石幢、台阶山门依次错落排列。1982 年 7 月，水浴寺石窟被评为河北省文物保护单位，2013 年入选第七批全国重点文物保护单位。

图 4–1–7 祠堂局部

图 4–1–8 水浴寺石窟（组图）

第二节　和村镇

和村镇位于峰峰矿区冀南大地鼓山脚下，地处晋冀鲁豫交界之地，地理位置优越，交通发达，早在明清时期就已成为冀南大地的商贾重镇。和村镇面积约为 61.4 平方千米，辖区内有国家重点文物保护单位——北响堂石窟群、“八老拜相”、弘济桥等多处名胜古迹，其中金村被列入第三批中国传统村落名录。

金村

（一）村落概况

基本情况　金村地处太行山余脉鼓山西麓，位于和村镇东北部。金村是滏阳河的发源地，有古庙、古戏楼、古牡丹，这“三古一源”见证了金村的沧桑历史，展示了金村独有的景观文化和民俗文化。

历史沿革　据村碑记载，此处元末就有村民居住，因丁氏为旺族，故叫丁村；明代初，有孙氏人家迁入此村，其人口繁衍兴旺，丁氏渐衰；明万历年间，山西洪洞县祁氏人家迁至此，将村更名为金村，沿袭至今。

（二）空间格局

金村的整体格局主要由传统街巷、水系、重要的公共节点和合院式民居构成，村落围绕古泉和溪水营建，古戏楼和玉皇庙是村庄的核心。滏源溪以北是村庄历史建筑的聚集区，前街和中街区域集中着历史价值较高的四合院。传统历史街巷尺度空间舒适宜居，布局较规整，形成街—巷—院的体系。村内的街巷空间见图 4-2-1。

（三）物质文化遗产

金村在清代最为鼎盛，当时这里居住着不少达官贵人，他们留下了很多各具特色的古老宅院和青砖古道。目前村内有老宅院 30 多处、古街道 5 条，有古戏楼和石棺墓 2 处市级文物保护单位，5 处保存较完好的传统民居以及玉皇庙、关帝庙 2 处宗教建筑。虽然这 2 处庙宇的建筑本体被翻修过，但遗址未变，建筑形式仍为传统样式，且院内有古树名木、古碑刻、古井等多处历史遗存。金村整个村落的建筑风貌体现出冀南古村的特征。村内的传统建筑分布见图 4-2-2。

1. 传统民居

金村的传统民居多为清代以后的建筑，屋顶均为平顶，以“四合头”“三条腿”“两甩袖”的院落最为常见。“四合头”即四合院，由上房、左右配房、下房组成。“三条腿”院落有上房和左右配房，没有下房或下房很不成形。“两甩袖”院落的正房为“凹”字形，左右对称，两侧出“袖”，即在正房两侧尽间各凸出一间或半间房，但结构上仍为一整体建筑。传统民居局部见图 4-2-3。

2. 公共建筑

金村始建于元末明初，村南有建村时修建的玉皇庙一座，庙院中栽种了北方稀有的牡丹、芍药等。庙的对面建有一座戏楼，戏楼下面泉水常年不断地喷涌。《武安县志》记载，此处便是滏水之源头，滏水即邯郸的母亲河——滏阳河。在响堂文化、磁山文化、和村地方文化的孕育下，金村逐渐形成了独具特色的“三古一源”（古庙、古牡丹、古戏楼、滏阳河源头）的景观文化。

图 4-2-1　街巷空间（组图）

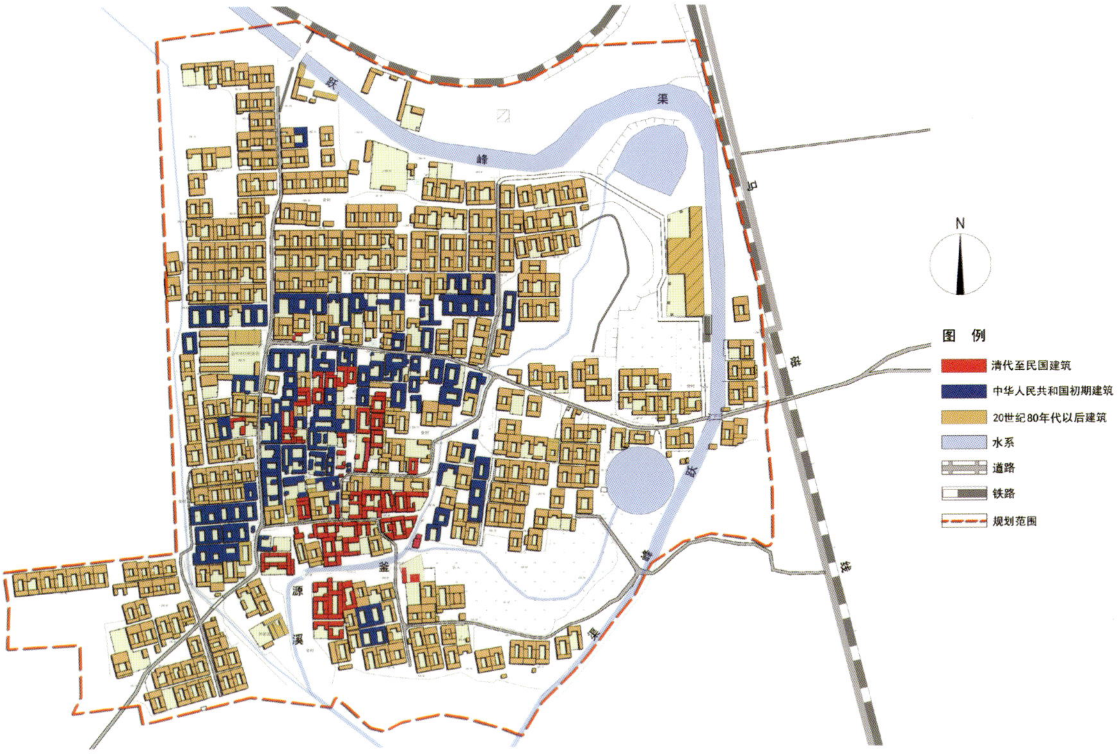

图 4-2-2 传统建筑分布

图 4-2-3 传统民居局部（组图）

（1）玉皇庙。玉皇庙（图 4-2-4）占地 400 余平方米，造型华丽，与河对岸的古戏楼遥相呼应。玉皇庙以砖木结构为主，庙顶灰瓦砌脊，脊顶两端雕刻有两只翘首欲飞的龙头，庙屋门前为跳墙走廊，庙内供奉着玉皇大帝等众多神像。

（2）戏楼。戏楼（图 4-2-5）占地 25 平方米，为卷棚悬山顶。戏台宽 5 米，进深 5 米，形成一个正方形，分为前后两台，中间以砖墙相隔，砖墙开 3 门，两侧为两个圆拱门，中间一个为方门。台口向南，台前用 4 根八角石柱支撑，柱头有雕花斗拱。戏楼顶部砖瓦结构的坡顶内部以圆木做梁，戏台建得非常讲究，石柱上面的斗拱和雕刻花纹在古代属于规格较高的建筑装饰。

3. 历史环境简介

（1）滏水源头。滏水即滏阳河，是邯郸的母亲河，也是海河流域子牙河水系的两大支流之一。河水的源头在村东南的古戏楼下，泉水从石头缝隙汩汩流出，汇聚成河，潺潺西去。村内流过的滏水见图 4-2-6。

（2）古井。古井（图 4-2-7）孕育了世世代代的金村人，是金村人繁衍的源泉。

图 4-2-5　戏楼

玉皇庙顶端装饰

图 4-2-6　村内滏水

玉皇庙外景

图 4-2-4　玉皇庙

图 4-2-7　古井

第三节　非物质文化遗产

峰峰矿区的非物质文化遗产丰富，涵盖传统手工技艺、民俗、传统戏剧、民间文学等四个类别。区内的传统村落有苇子灯阵（图 4-3-1）、大社面塑（图 4-3-2）、落子戏（图 4-3-3）等国家级、省级、市级非物质文化遗产。传统手工技艺有金村粉条、皮渣制作技艺，豆腐、豆腐干制作技艺和熏肉、熏鸡蛋制作技艺。民俗有和村三饭、民间花会、元宵灯会、农历四月初八金村庙会。传统戏剧有武安平调。民间文学有金村传说、地方歌谣和地方谚语等。

图 4-3-1　苇子灯阵

图 4-3-2　大社面塑

（1）皮渣。在古代，人们吃完粉条后总是会留下许多碎碎的粉条，做菜的话便难以夹食，于是当地人便将这些碎粉条收集起来，加上其他的配料蒸成冻状再切开食用。后来，皮渣成为这里的特色食品，现有肉皮渣、素皮渣等多种类型。

图 4-3-3　落子戏

（2）和村三饭。和村三饭是明朝皇宫御宴真传，它讲究营养、味道和色泽，将山珍海味与地方特色合为一体。三饭的主食以蒸馍、大米饭、烧麦为主，汤菜为五荤四素三碗汤，最后一碗利口菜，共十三碗。坐三饭席，特别讲究礼节，坐位有主次、长幼、大小、内外之别，这些都反映了金村传统的社交礼仪文化。特色美食见图 4-3-4。

图 4-3-4　特色美食

第五章 肥乡区

肥乡区隶属河北省邯郸市，东与广平县交界，南与成安县相连，西与邯山区接壤，北与丛台区、永年区、曲周县毗邻，总面积 503 平方千米。邯郸市肥乡区下辖 5 个镇（肥乡镇、天台山镇、辛安镇、大寺上镇、东漳堡镇）、4 个乡（毛演堡乡、元固乡、屯庄营乡、旧店乡），区政府驻地为肥乡镇。

第一节 天台山镇

天台山镇位于肥乡区西南部，距肥乡区政府 8 千米，距邯郸市 20 千米，属肥乡区管辖，是该区西南重镇。天台山镇面积为 59.28 平方千米，辖 22 个行政村，镇政府驻地为天台山村，309 国道和青兰高速从北侧过境，村西、村南有古漳河流过。天台山镇是河北省历史文化名镇、省政府命名的 100 个重点镇之一。2017 年入选第二批全国特色小镇。

肥乡最早设县在天台山村的葛孽城。据民国时期的《河北通志稿》记载，魏晋、北魏时期，肥乡县治之所在天台山村西南的葛孽城，古城遗址至今尚存。 公元前 289 年，魏昭王入赵朝见赵惠文王，把葛孽、阴成两地献给赵惠文王作为“养邑”。公元前 358 年，赵、魏两国国君在天台山村葛孽城相会，共商抗秦方略。天台山村于清同治二年（1863 年）农历四月二十开工筑寨。1953 年建天台乡，1958 年改公社，1984 年改建镇，1996 年张达乡并入。2017 年天台镇入选第二批全国特色小镇。

天台山古镇

（一）空间格局

天台山古镇镇区建设尊重原有自然肌理，镇政府所在的东北部为行政服务区，以南北大街、贸易街为中心的地带为综合服务区，以新民居为界的中南部和西北部为生活区。整个古镇结构清晰合理，空间尺度适宜。

（二）物质文化遗产

1. 传统民居

天台山镇常见的传统民居形式见图 5-1-1。

2. 公共建筑

肥乡县的天台寺曾闻名遐迩。天台山原为山名，山在天台山古镇东侧。清雍正十年（1732 年）《肥乡县志》卷一记载，“天台山在县西南十五里，上建天台寺”。此处由

图 5-1-1 传统民居（组图）

浙江天台山僧人结庵而居，山名为僧人所起，称天台山，寺称天台寺，与浙江天台山、天台寺（原名为国清寺）同名，法脉相连。

昔日的肥乡天台寺，有林苑百余亩，松柏参天，临风挺秀，名卉甚多，风景怡人。诗人李贞吉在游览天台寺时，题有“天台有蕙兰，奕世乃齐烈”的诗句。天台寺东侧的古漳河与寺院共同构成一幅浑然天成的风景画，时人将“漳河春晓望山寺”看作名胜一绝，如诗人李恺在《宛怀草堂报歌》中写道：“贪赏东山寺，舟人倚醉眠。”诗人将古刹天台寺与漳河融为一体，使人读诗如身临其境。但历经世事沧桑，古刹尽作丘墟，唯余碑刻，见证着昔日辉煌。2016 年 11 月，新的天台寺奠基重建。

图 5-1-2 古汉墓群遗址

3. 历史环境简介

（1）明代古槐。古镇内的古槐为明代栽种，距今已经 500余年，树身干枯后又发新枝，现今茂密参天。槐角蒸食，可以充饥，树叶泡茶，降脂降压。村民们常在树下围坐，下棋说唱。

（2）古墓群。天台山镇东刘家寨村西 200 米处有古墓群，建于战国与东汉时期，为邯郸市重点文物保护单位，现只存遗址，见图 5-1-2。

图 5-1-3 古寨墙

（3）古寨墙。古寨墙（图 5-1-3）于清代建造，保存基本完整，墙宽 11.55 米，墙总高 7.26 米，沟深 5.94 米，沟壕外路宽 3.3 米，总周长为 2 438.7 米，另设垛口 1 085 个，4 门各设大白龙炮和劈山炮（俗称虎头喷）以及火枪、刀、矛等。

清政府为了抵御捻军等的袭扰，实行坚壁清野，嘱令天台山村筑寨自卫，至今古寨墙遗迹仍存。据健在的老人回忆，中华人民共和国成立前，每逢场光地净、冬闲之际，土匪滋扰，天台山村便打开 4 门，百姓去天台寺等处避难，等匪去才各自回村，此称为“避匪”。

图 5-1-4 八步三眼井之一

（4）八步三眼井。八步三眼井位于天台山村南街，清代以前建造，遗址保存完整。八步三眼井指八步之内有三口水井，水质各异，有苦、甜、咸三味之别。其中一眼古井见图 5-1-4。

第二节 非物质文化遗产

图 5-2-1 柳子腔戏

（一）柳子腔戏

柳子腔戏（图 5-2-1）又名柳子戏，俗称“蛤蟆嗡”，肥乡天台山镇的柳子腔戏在剧情内容、唱腔念白、形体动作、音乐伴奏等方面均有鲜明的艺术特色。柳子腔戏为地方小戏，于每年二、八月间，递相演唱，农叟渔父聚以为欢，家家户户邀请亲朋好友来村里看戏。天台山村建有戏楼一座，专供唱戏所用。至今，天台山村柳子戏艺人卢世杰、孙琛等仍健在，孙琛年近九旬，歌喉不减当年。镇里常唱的剧种有《五鬼闹判》《杜十娘》等。

（二）剪纸

天台山的剪纸艺术源远流长，家家户户过年剪窗花，至今“鞋样”仍是最实用的剪纸品。王崔氏是天台山村出了名的剪艺师，她剪出的作品非常秀美，她的作品《祖国万岁》《愚公移山》等被文物部门收藏。图 5-2-2 为村民在剪纸。

图 5-2-2 村民在剪纸

（三）木版年画

李家木版年画始于明洪武年间，代代有传人。木版年画品样齐全，有一百多种，模板原是清朝李家祖上遗留，均用梨木雕刻，线条细腻，色彩丰富，栩栩如生。每逢年关，李家便刻印年画。这些年画品种齐全、印刷清晰，深受村民喜爱。木版年画及其制作见图 5-2-3。

图 5-2-3 木版年画及制作

第六章 磁县

磁县位于河北省最南端，西临涉县，北靠峰峰矿区等地，东临临漳县，南接河南安阳，雄踞中原腹地，为晋、冀、鲁、豫四省通衢，历史上曾因临滏水取名“临水县”，因盛产磁石而得名“磁州”。磁县是中国磁州窑文化的发祥地。2016 年邯郸市部分行政区划调整，涉及磁县 7 个乡（镇）123 个行政村。区划调整后，磁县共有 11 个乡镇（讲武城镇、黄沙镇、磁州镇、观台镇、岳城镇、白土镇、路村营乡、陶泉乡、时村营乡、都党乡、北贾壁乡）、18 个居委会、249 个行政村。

第一节 陶泉乡

陶泉乡位于磁县西部山区，距县城 50 千米，乡政府驻地为韩家沟村。陶泉乡东与白土镇毗邻，西与涉县太仓乡相连，南与白土镇搭界，北与北贾壁乡接壤。全乡总面积 102.5 平方千米，辖 22 个村。陶泉乡人杰地灵，环境优美，旅游资源丰富，有炉峰山、天宝寨、龙洞沟、北寨、云摩寨等众多景点，其中炉峰山海拔 1 088 米，为冀南最高峰。全乡现有传统村落 4 处，分别为南王庄村、花驼村、北岔口村和北王庄村。其中，花驼村被评为中国历史文化名村，南王庄村为中国美丽乡村创建试点村。

花驼村

（一）村落概况

基本情况 花驼村位于邯郸市磁县西南部，西依太行山脉，隶属磁县陶泉乡，东距磁县县城 55 千米，村庄海拔 686 米，冬暖夏凉，四季分明。村庄四周环山，土薄石厚，且被群山环绕，森林密布，仅有一条蜿蜒曲折的盘山路与外相通，俗有“磁西百里，人称天尖”之称。村口有花驼村碑记和云台山文物保护单位碑记两座石刻。2014 年花驼村被列入第六批中国历史文化名村名录。

历史沿革 相传东魏时，阁老郭莱因遭奸臣陷害，第二天将满门抄斩，头天晚上在同僚的帮助下，郭莱带领全家 30 余人，深夜逃到此地。由于北边山岭很像人的耳朵，故取名观耳驼。公元 550 年，东魏权臣高欢的儿子高洋建立北齐后，观耳驼改名为花驼村，此名一直沿用至今。

（二）空间格局

花驼村坐落在深山密林中，海拔较高，四面环山，进村需要翻过十几道盘山路。民居依山而建，错落有致，具有较高的历史价值和观赏价值。街道大都以青石铺设，现存青石板路 4 条，长约 1 200 米，村庄还有古池塘 2 处、广场 2 处、街巷公共空间 3 处，西侧有一条南北向的古石街横穿花驼村。花驼村的村落环境见图 6-1-1，街巷空间见图 6-1-2。

图 6-1-1 村落环境

图 6-1-2　街巷空间（组图）

（三）物质文化遗产

花驼村现有传统古民居院落 60 多处，多数保存完好，仍能居住。古民居多为四合院布局，由主房、厢房、门楼、院墙组成，院落宽敞，青石铺地，整体布局科学合理，建筑材料古朴凝重，体现了古代冀南地区的建筑技艺，具有一定的历史文化价值。花驼村以明清、民国时期的传统建筑为主，建筑群占地面积为 2.2 万平方米，建筑面积为 7 600 平方米，保存完好率达 85% 以上，均为石砌房屋，依山就势，错落有致。花驼村核心区传统民居分布见图 6-1-3。

1. 传统民居

村内的民居大部分为平屋顶，建筑为石木结构，门楼以精美雕刻作为装饰，檐角和水口多由整块青石雕刻而成。传统民居建筑的装饰多以材料原色或清淡的色调为主。

（1）郭学其大院。郭学其大院（图 6-1-4）位于花驼村北石街北侧，建筑为明清时期的传统建筑，由主房和厢房组成，整个院落布局科学合理。

（2）郭学英大院。该院落（图 6-1-5）位于花驼村西石街北段路东侧，为清代传统建筑，由主房和厢房组成，整个院落布局科学合理。建筑结构为石木结构，造型具有本地特色，建筑风格古朴凝重。

（3）郭伏良大院。该院落（图 6-1-6）位于花驼村西南角，为明清时期典型的传统民居建筑，呈四合院布局，建筑结构为石木结构。

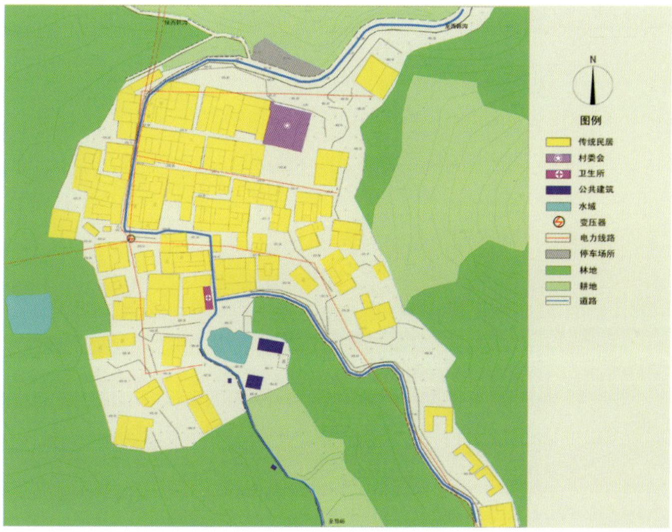

图 6-1-3　核心区传统民居分布

图 6-1-4　郭学其大院

图 6-1-5　郭学英大院

2. 公共建筑

花驼村的公共建筑主要有天宝寨、龙王庙、一二九师兵工厂旧址等，建筑材料多为石木砖瓦，建筑多采用木制楼顶、挑角飞檐、画梁斗拱等建筑工艺。

（1）天宝寨。花驼村至今仍保存着一处古山寨，名叫“天宝寨”，这是我国仅有的两处天宝寨古迹之一，另一处位于四川省宜宾市蜀南竹海。磁县天宝寨从始建至今已有约 1 500 年的历史，寨子位于花驼村南约 1 千米的云台山上，经小十八盘拾级而上，即入古寨。寨上有玉皇庙、奶奶庙、文王庙等庙宇 3 座，宏伟壮观；另建有郭氏祠堂，是为纪念民国时期打虎英雄郭祥而建。天宝寨远观见图 6–1–7。

（2）龙王庙。花驼村至今保存着 8 座古庙宇。龙王庙在村南古水池东侧，为唐代所建，后经多次翻修，建筑工艺精湛，见图 6–1–8。龙王庙在抗日战争时期曾为一二九师兵工厂枪管厂。

（3）一二九师兵工厂旧址。该院落位于花驼村西石街中段、古槐树西侧，建筑规模较大，由 4 个院落组成。其中大门为石券门，上面建有 2 层炮楼，大门朝东。院落分为南北两部分，南院保存完整，分为前后 2 个院落；北院稍有破损。整个院落布局科学合理，建筑造型具有本地特色，见图 6–1–9。

（4）2 层炮楼。花驼村的几个 2 层炮楼均为明清时期的建筑，村西西石街西侧有 1 处，村北有 1 处，村中心有 1 处，村东半山腰有 2 处，均由石头砌筑，高 8~10 米，顶部设有枪口和瞭望口，一般都有地下通道与地道相通，可用来防御外来侵略。2 层炮楼见图 6–1–10。

图 6–1–6 郭伏良大院

图 6–1–7 天宝寨远观

图 6–1–8 龙王庙

3. 历史环境简介

花驼村历史环境分析见图 6–1–11。

（1）窑洞。花驼村共有窑洞 4 处，多为明朝时期的建筑，村西有 1 处，村中心有 1 处，村东 2 处，均与村西西石街的民居建在一起。窑洞由石头砌筑，高 2.5~3.8 米，宽 2~4 米，一般都有通道与地道相通，可用来藏身、屯粮、防御外来侵略。窑洞见图 6–1–12。

（2）石街。花驼村共有主要石街 4 条，建于明清时期，全部由青石板铺设，宽 2~4 米，共长 1 200 余米，村西有 1 条，村北有 1 条，村南有 1 条，村东有 1 条，与民居交错在一起。主街与小街互相连通，幽静宜人，见图 6–1–13。

（3）古水池。花驼村至今保存着 2 处古水池。据记载，村南古水池为唐代所建，近似椭圆，面积为 500 余平方米，常年积水，以前用来洗衣、浇菜、喂牲畜。村西南古水池建于明末清初，呈长方形，面积为 400 余平方米，中华人民共和国成立后，水池顶部加盖，但蓄水不足。2 处水池均为青石砌筑，结构坚固，充分反映了花驼村人民的智慧。村南古水池见图 6–1–14。

鸟瞰

局部 1

庭院

局部 2

图 6–1–9 一二九师兵工厂旧址

图 6-1-10　2 层炮楼

图 6-1-12　窑洞

图 6-1-13　石街

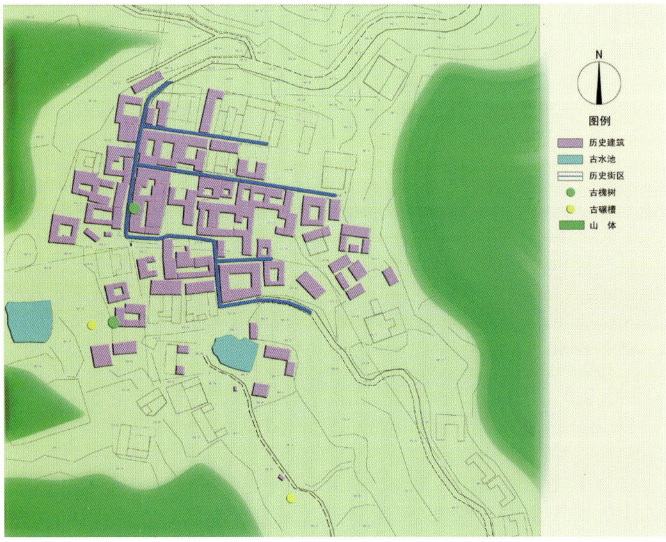

图 6-1-11　历史环境分析

（4）古碾槽。花驼村内至今保存着一处古碾槽，据记载为唐代所留，见图 6-1-15。古碾槽在村中存放，虽多年未用，但记录了花驼村的悠久历史和沧桑岁月。抗日战争时期，一二九师兵工厂的工人曾用它来碾炸药，制造子弹、手榴弹。

图 6-1-14 村南古水池

（5）碑刻和石刻。花驼村至今保存着古碑刻和石刻 9 通。天宝寨悬崖石刻（图 6-1-16）位于花驼村南天宝寨半山腰悬崖峭壁之上，为清代石刻，是邯郸市文物保护单位。碑文当时记载了天宝寨的沧桑历史，此摩崖石刻资料丰富翔实，对研究当时的社会状况具有重要的史料价值。

龙王庙重修碑刻为青石质地，阴阳两面均有浮雕二龙戏珠，碑文记载了该庙于明朝万历年间重修的历史。

图 6-1-15 古碾槽

图 6-1-16 天宝寨悬崖石刻

北岔口村

（一）村落概况

基本情况　北岔口村位于太行山东麓，地处磁县西部深山区，四面环山，北高南低，梯次而建，背风向阳。北岔口村属陶泉乡，村域面积约为 9.37 平方千米，坐落在一个向阳的山坳里，村北有北寨，村东有东坡，村西是御路岭，村落平面呈不规则形状。北岔口村是磁县保留最为完整的传统村落之一，也是第一批中国传统村落之一。

历史沿革　关于北岔口村的形成有两种说法。一种说法是村落形成于元代以前，村中有始建于元朝末年的北寨遗址 1 处，其建在南北两个相对的山岔里，因村子在北边山岔故取名为北岔口村。该遗址是元朝官兵为抵御农民起义军进攻而建立的军事防御基地。后驻军官兵在这里耕种繁衍，逐渐形成村落。另一种说法是村落形成于殷商时期。村中有一条贯穿东西的御路，原名黄路，全长 3.5 千米，宽 4 米。相传此路始开于商纣王时期。纣王征用 800 余奴工，开修此路。黄路修成后，留奴工在此居住、护路，后逐渐发展成村。

（二）空间格局

村内有青石板路 6 条，南北方向有 2 条主干道，东西方向的道路环形相绕，总长 4 200 余米。道路全部由不规则的石块砌成，左右行人，中间留有水道，风格独特。站在西部“金印顶”之上，东可望磁州城西，西可看涉县群山叠嶂，南可见“睡美人山”的身姿，北可观层层山峦。北岔口村的村落环境见图 6-1-17。

（三）物质文化遗产

北岔口村传统民居院落有 260 多处，多为四合院布局，建筑保存了古代冀南地区的建筑工艺，具有一定的历史文化价值。村内街道全部由青石板铺设而成，干净整洁、古色古

香。由于年代久远，房屋和街道失于修葺，但整体保存状况尚好。由于特殊的地势和位置，村庄冬暖夏凉，永无积水，大街小巷相互贯通，自然环境特别优美。北岔口村核心区传统建筑分布见图 6-1-18。

1. 传统民居

北岔口村的民居主要以明清、民国时期的北方传统建筑为主，建筑群占地面积 18.7 万平方米，保存完好率达 85% 以上。古民居依山而建，错落有致，风格古朴，大部分为平屋顶 2 层建筑，均为石砖木结构。门楼以精美雕刻作为装饰，檐角和水口多由整块青石雕刻而成。

图 6-1-17 村落环境（组图）

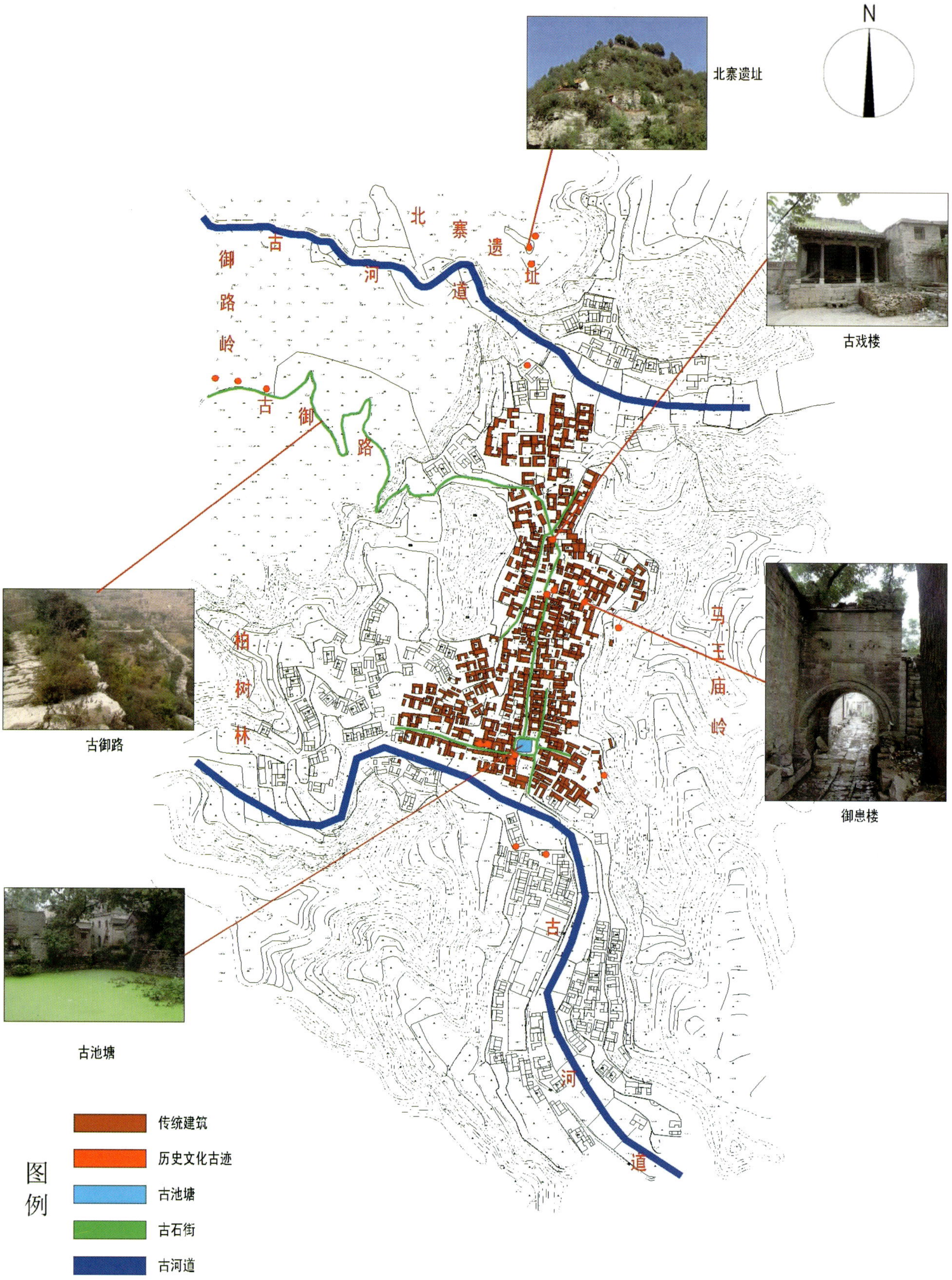

图 6-1-18　核心区传统建筑分布

（1）赵跃文大院。该院落位于北岔口村南水池东侧，整个院落布局科学合理。该建筑为石木结构，造型具有本地特色，建筑风格古朴凝重，保存了古代冀南地区的传统建筑工艺，见图 6–1–19。

（2）赵新林大院。该院落位于北岔口村南水池北侧，坐北朝南，占地面积约为 200 平方米，主房为 2 层，东西厢房均为 1 层，始建于明清时期。整个院落布局科学合理，建筑为石木结构，造型具有本地特色，见图 6–1–20。抗日战争时期，徐向前元帅曾在此居住。

（3）张齐文大院。该院位于北岔口村南水池西侧，坐西朝东，占地面积约为 250 平方米，主房为 2 层，南北厢房均为 1 层，始建于明清时期，整个院落全部用青石铺地，见图 6–1–21。

（4）张子春大院。该院位于北岔口村南水池西侧 50 米处，坐北朝南，占地面积约为 180 平方米，主房为 2 层，两侧厢房均为 1 层，整个院落全部用青石铺地，布局科学合理，建筑为石木结构，做工精细，建筑风格古朴凝重，见图 6–1–22。

（5）王家大院。该院落原先为富商王翠峰的宅院，位于北岔口村南水池北侧 50 米处，坐东朝西，占地面积约为 240 平方米，建于明代，主房为 2 层，南北厢房均为 1 层，见图 6–1–23。

（6）王有林大院。该院落位于北岔口村古石街路西，坐西朝东，占地面积约为 260 平方米，建于明代。整个院落分为东西两个院落，前后对称，院落全部用青石铺地，东西主房为 2 层，南北厢房为 1 层。该建筑为石砖木结构，见图 6–1–24。

（7）赵仕库大院。该院落位于北岔口村古石街路东，坐东朝西，主房为 2 层，北厢房为 2 层，南厢房为 1 层，占地面积约为 180 平方米，建于明代，见图 6–1–25。

（8）赵振虎大院。该建筑为石木结构，造型具有本地特色，建筑风格古朴凝重，见图 6–1–26。抗日战争时期其是冀南银行所在地。

（9）索美林大院。该院落为石木结构，造型具有本地特色，见图 6–1–27。

图 6–1–19 赵跃文大院

图 6–1–20 赵新林大院

图 6–1–21 张齐文大院

图 6-1-22　张子春大院

图 6-1-23　王家大院

图 6-1-24　王有林大院

2. 公共建筑

北岔口村公共建筑较多，有御患楼、丁字圈、十字圈、文昌阁、赵家祠堂、古戏楼、磁县抗日民主县政府旧址、北寨遗址、古炮楼、家薄台、陈赓兵团司令部旧址等。建筑多有木制楼顶、挑角飞檐、画梁斗拱等，建筑材料多为木石砖瓦。

（1）御患楼。御患楼（图 6-1-28）位于北岔口村村东，始建于 1921 年，为砖石木结构，建筑工艺精细。御患楼与抗日民主县政府旧址相邻，与丁字圈、文昌阁相呼应。

（2）古戏楼。古戏楼（图 6-1-29）位于北岔口村村北，该建筑保存完整，整座建筑古朴典雅。其始建于东汉年间，明洪武年间重修，清道光十年（1830 年）在地震中倒塌，道光十二年（1832 年）重建，1956 年再次重修。

（3）北寨遗址。北寨遗址（图 6-1-30）位于北岔口村北，占地面积为 7 000 平方米，共有大小庙宇 7 处，有吕祖庙、玉皇庙、龙王庙、老母殿、娃娃殿等。该山寨地势险要，有上千年历史，寨墙保存完整。著名书法家张子英先生曾为其题词“磁州边岩”。2005 年北寨遗址被列为邯郸市文物保护单位。

（4）古炮楼。古炮楼（图 6-1-31）始建于明清时期，位于北岔口村南，为 2 层石砖木结构，高 8 米，建筑面积 18 平方米，四周有枪眼，建筑结构坚固，工艺精湛，用于防范外敌入侵。整座建筑保存完整，有较高的研究价值。

（5）家薄台（赵家祠堂）。家薄台（图 6-1-32）位于北岔口村村中，与丁字圈相邻，占地面积 45 平方米，是赵家族人家谱存放之地。

（6）陈赓兵团司令部旧址。陈赓兵团司令部旧址（图 6-1-33）位于北岔口村南水池西侧，建筑面积约 150 平方米，是抗日战争时期陈赓兵团司令部所在地。

图 6-1-25 赵仕库大院

图 6-1-26 赵振虎大院

图 6-1-27 索美林大院

图 6-1-28 御患楼

图 6-1-31 古炮楼

图 6-1-29 古戏楼

图 6-1-32 家薄台

图 6-1-30 北寨遗址

图 6-1-33 陈赓兵团司令部旧址

3. 历史环境简介

（1）南大池。南大池（图 6-1-34）位于北岔口村南，占地面积约为 400 平方米。北岔口村地势北高南低，东西两侧靠山，雨季村内雨水量较大时，雨水全部排入南大池，该池起到了缓冲作用，保护了下游大量农田和村庄的安全。储蓄用水主要用于农业春播。

（2）古石碑。北岔口村至今保存着古石碑 12 处，最典型的石碑位于北岔口村西古御路顶端。此处建有古御路碑房 1 处、山神庙 1 处、古戏楼 1 处。该建筑群保存相当完整，其中古御路碑房内有碑刻 8 通，北墙最大的一通为清代石刻，高 1 米、宽 2 米，碑文清晰地记载了御路修建的历史，此石碑资料丰富翔实，对研究当时的社会状况具有重要价值。村内的一处石碑见图 6-1-35。

（3）古寺庙。北岔口村现有古寺庙 10 处，位于北岔口村内及北山上，南有武圣庙、孔圣庙，北有文昌帝君庙，东南有马王庙，西北有五道庙，山上有山神庙，山下有土地庙，古文化遗迹遍布全村。古寺庙见图 6-1-36。

（4）古石街。北岔口村现有古石街 6 条，全长 4 200 余米，全部由不规则的石块砌成，左右行人，中间留有水道，风格独特，见图 6-1-37。

（5）古长城遗址。赵国古长城始建于春秋战国时期，位于北岔口村西与涉县接壤处的深山密林中。目前古长城遗址遗存不多，长度大约有 200 米，与南长城呼应，其遗址见图 6-1-38。

（6）烽火台。烽火台始建于春秋战国时期，位于北岔口村西，与赵国古长城相互呼应，主要用于古代战争时传递信号，其遗址见图 6-1-39。

图 6-1-34 南大池

图 6-1-35　石碑

图 6-1-36　古寺庙

图 6-1-37　古石街

图 6-1-38　古长城遗址

图 6-1-39　烽火台遗址

南王庄村

（一）村落概况

基本情况 南王庄村位于太行山南部、磁县与涉县交界处。南王庄村东面山脉巍峨壮观，西面山脉绵延起伏，南面的摩天寨是天然屏风，北面山脉海拔 1 087.6 米，雄冠冀南。村庄现存石碾、石头房、石板路街道和古槐等。村落四周群峰林立，有观台山、凤凰山、红爷圈、东西马头山等，历史上还留下了招军垴、好汉坡等名胜古迹。村东有一条从东向西经村南通至漳河的大峡谷自然古河道。2014 年南王庄村被授予“美丽乡村”和“中国传统古村落”等称号。

历史沿革 明朝洪武年间王万书及家人从山西洪洞县迁来现在的仙狐泉以外、关帝庙以里居住，将此处取名为小井村，后人口增多，王家人迁至现在的西庄，称王家庄。明朝时，王枢携儿王克敬、王克宽全家老小迁往小井沟以北 5 千米处落户，取名北王庄，按相对位置又把王家庄改为南王庄。

（二）空间格局

现村庄内的民居多在河道两侧，顺山坡地势建在向阳处，整个村落平面像一个大三角形，以村委会办公大楼为中心的南北轴线将整个村庄分为不对称的东西两部分。南王庄村有古石街 5 条，全部由青石板铺设。南王庄村的村落环境见图 6–1–40 和图 6–1–41。

（三）物质文化遗产

南王庄村以明清、民国时期的传统建筑为主，建筑群占地面积约为 20 万平方米，保存完好率达 85% 以上。古建筑均为石砌房屋，因山就势，错落有致。村内民居大部分为平屋顶的 2 层建筑，均为石砖木结构，门楼以精美雕刻作为装饰，檐角和水口多由整块青石雕刻而成。房屋券顶拱门也由料石浆砌，显示了石砌建筑的精致与独特风格。

1. 传统民居

村内的传统民居大部分为平屋顶，民居的装饰多以材料原色或清淡的色调为主。大面积色彩以白、青灰、棕色为主。屋顶多用灰瓦，墙面多用青砖，台基多用白磨石。彩色玻璃和花窗多采用深绿、蓝、紫或深红等色。瓦檐、木柱、梁枋、门等多用黑色、褐色或木面本色。

（1）西北民居。西北民居属于典型的明清传统民居，该建筑群规模较大，主要以明清时期的建筑为主。墙体均由青石、砖砌筑，屋顶为木结构，以蓝瓦盖顶，整体建筑群保存基本完好，见图 6–1–42。

图 6–1–40　村落环境 1

（2）窑洞民居。此窑洞由 4 个拱形石券组成，建筑坚固，窑腿起拱筑成半圆形石拱券，见图 6-1-43。4 个石券由小拱券连通，每个宽 4 米、高 4 米、深 5 米。此民居冬暖夏凉，经济实用。

（3）王清安故居。此宅为清朝童生王清安的故居，位于西庄上街路北，主房坐北朝南，有主房 10 间、厢房 3 间，后墙全以大理石砌筑，前墙以石木砖砌筑，是典型的传统清代建筑，见图 6-1-44。

图 6-1-42　西北民居

图 6-1-41 村落环境 2

图 6-1-43 窑洞民居

图 6-1-44 王清安故居

（4）王太全故居。该院落位于西庄上街，坐北朝南，主房 5 间，上下 2 层，有青石台阶，该建筑为明清时期典型的传统民居建筑，由主房和厢房组成，石木结构，造型具有本地特色，建筑风格古朴凝重，见图 6–1–45。

2. 公共建筑

南王庄村中公共建筑较多，有 20 多处，如明末书院、八角亭、明末石木瓦房、龙王庙、古戏楼、关帝庙、土地庙、流泉寺、圣山寺、石佛寺、石庵等。

（1）明末书院。此书院位于西庄上街，有石台阶，主房为 10 间楼房，有南北厢房，现住人。此宅是一个典型的石木结构的四合院，见图 6–1–46。四角有小夹道。主房坐西朝东，南北厢房各 3 间。北厢房曾为私塾。

图 6–1–45　王太全故居

（2）八角亭。八角亭位于南王庄村北炉峰山顶，建筑结构奇特，见图 6–1–47。

（3）明末石木瓦房。该院落布局工整，建筑墙体均由青石、砖砌筑，屋顶为木结构，蓝瓦盖顶，主房略有破损，两配房已改建，见图 6–1–48。

（4）流泉寺。流泉寺位于村北炉峰山东侧白云山山脚下，占地面积约为 13 300 平方米。原寺院规模宏大，大殿为 5 层砖塔，殿内塑像栩栩如生，活灵活现。后在明清时期多次重修，“土改”时期，殿庙大部分被拆除，现存部分殿庙、院基、残塔、石碑、坟基等。流泉寺现存山门见图 6–1–49。

（5）石佛寺。石佛寺位于村西，见图 6–1–50，始建于明初，占地面积约为 10 000 平方米，建筑材料为石木砖瓦。

（6）石庵。石庵是远古时代村民避风雨、藏身、居住的简陋房屋，见图 6–1–51。

（7）古戏楼。古戏楼为全石砖木结构，有大理石台基。古戏楼长 8 米，宽 6 米，高 8 米，台前曾有 4 根大理石柱，上有名人题词，雕刻精致。古戏楼现状见图 6–1–52。

图 6–1–46　明末书院

图 6-1-47 八角亭

（8）龙王庙。龙王庙位于村南、古戏楼对面，始建于明朝正德年间，占地面积约为 650 平方米，建筑面积约为 500 平方米，建筑材料为石木砖瓦。后其经多次重修，重修后的龙王庙见图 6-1-53。

3. 历史环境简介

南王庄村历史环境要素分布见图 6-1-54。

（1）古河道。南王庄村有一条长 8 000 余米，落差 300 余米的大峡谷形成的自然古河道。该河道西北高、东南低，两旁崇山峻岭，树木茂密。村民植树造林，绿化村庄，在古河道旁栽种了榆树、白杨树、红叶树等十几种树木，如今的古河道草木丰茂，清清的河水经村南汇入漳河。古河道局部见图 6-1-55。

（2）南大岩修仙洞。南大岩修仙洞（图 6-1-56）位于南王庄村东南，此处山高谷深，草木丰茂，很有灵气。三大石岩洞相连，其中最大岩洞高 30 余米，宽 30 余米，洞深 20 余米。岩洞为天然形成，洞中有一眼泉水常流不断，洞

图 6-1-48 明末石木瓦房

图 6-1-49 流泉寺现存山门

图 6-1-50 石佛寺全景

口西侧有一仙狐庙。

（3）龙泉吐珠。龙泉吐珠（图 6-1-57）位于炉峰山半山腰石阶旁，四面环山，树木茂密，白云山泉水从 50 米高的半山腰流下，泉水滴在崖间石上，水珠飞溅，在阳光照射下五光十色，犹如万斛珍珠撒入黑龙潭。黑龙潭水流入双桥映月池，池水流动，清澈见底，数百条金鱼在潭水中嬉戏，游人到此无不称赞叫绝。

（4）炉峰山悬崖石刻。冀南第一名山炉峰山为古磁州八景之首，经南天门登炉峰山，陡峭险峻，石磴连云，路旁石崖鬼斧神工，历代名人在此题词刻诗，颂咏炉峰奇险。悬崖石刻见图 6-1-58。

（5）炉峰水窖。南王庄村历史悠久，建有大型水窖 2 处，可供村民与牲畜饮水及灌溉农田。炉峰水窖引自炉峰山泉水。该水窖位置较高，现存状态见图 6-1-59。

图 6-1-51　石庵

图 6-1-52　古戏楼现状

图 6-1-53　龙王庙外景

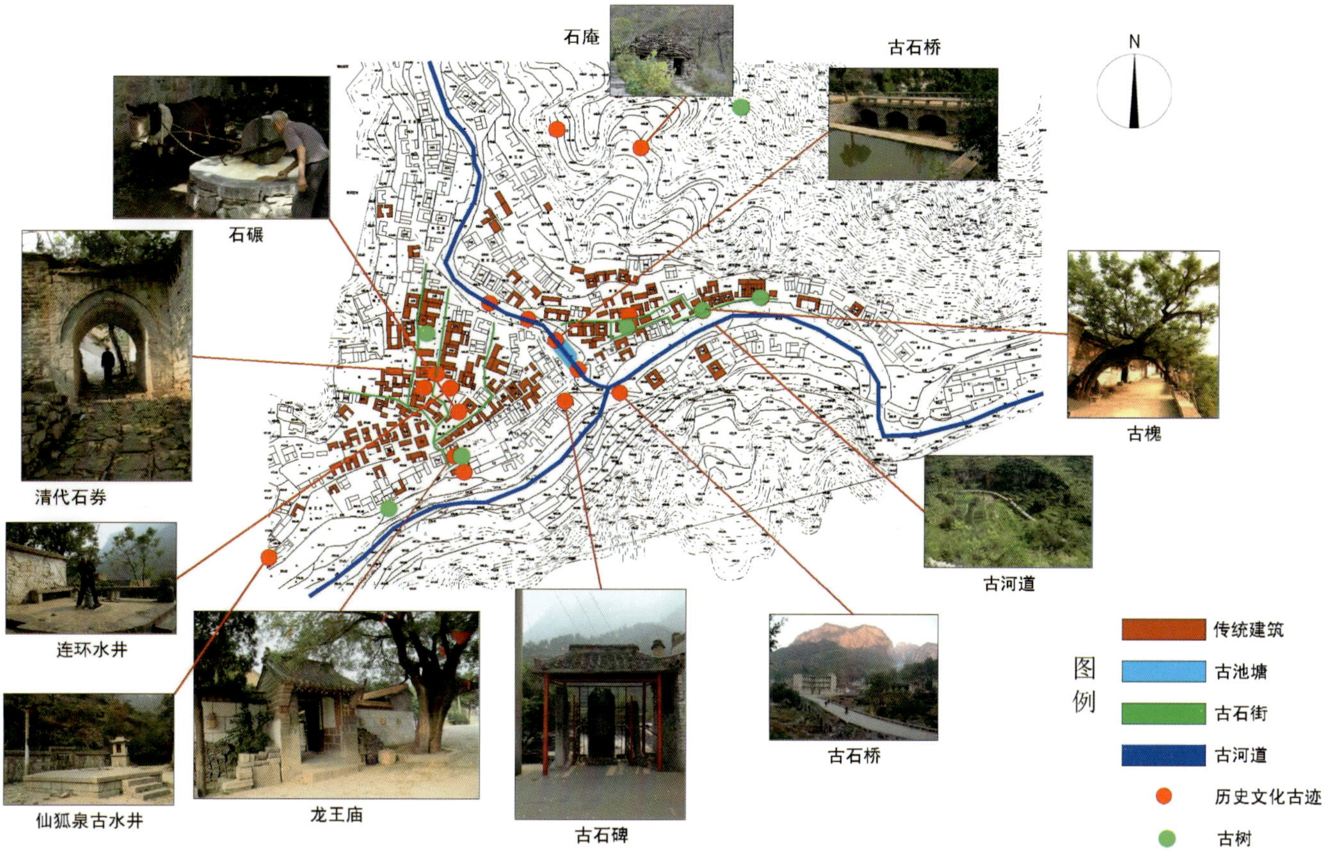

图 6-1-54 历史环境要素分布

图 6-1-55 古河道局部

图 6-1-56 南大岩修仙洞

图 6-1-57 龙泉吐珠

图 6-1-58　炉峰山悬崖石刻

图 6-1-59　炉峰水窖

北王庄村

（一）村落概况

基本情况 北王庄村地处磁县陶泉乡西部，距县城 60 千米，位于深山区，村域东至长虫岭，西至皮岭关防沟，南至炉峰山黑大背，北至鸡冠山，东西长 6 千米，南北长 5 千米，村域面积约 30 平方千米。传统建筑在村落中所占比例为 60%，占地面积达 13.7 万平方米。磁涉公路在村庄北部由东向西穿村而过。2014 年北王庄村被列入第三批中国传统村落名录。

历史沿革 据《邯郸历史大事编年》记载，明洪武年间太行山一带人烟稀少，山西洪洞县大移民时，一王姓人率子孙等迁来小井沟以南有水源处定居，取村名为井岭村。后人口增多，有王氏子孙迁居小井沟以北定居，取村名为北王庄村。之后王氏家族逐年人口兴旺，村庄逐渐扩大。

（二）空间格局

北王庄村内有东、西、南、北 4 条主街，街道以青石板铺砌，街道两侧以明清传统民居为主。整个村庄古色古香，村庄周围树木茂密，风景怡人。古建筑主要由庙宇、古戏楼、窑洞、石桥、祠堂等历史建筑和传统民居组成。

（三）物质文化遗产

1. 传统民居

北王庄村拥有的古民居群古朴、淡雅，是典型的古代农人的栖息居所，农人们在发扬传统建筑文化和家族门风方面倾注了他们所有的智慧和心血。现村内保存完好的数百栋宅院和稍破的门楼、大堂屋集中展现了古代建筑精美绝伦的装饰艺术、独树一帜的民俗文化及蕴含其中的地方特色。传统民居主要以 2 层瓦房和 1 层石砌平房为主，建筑风格古朴凝重，以传统青砖、灰瓦、石块为主，大多为四合院布局。

（1）客委院。客委院（图 6–1–60）是村内规模较大、保存完好的一处民居大院，于清朝嘉庆年间建造，长 45 米，宽 30 米，建有门房，两重院落，中间为会客厅，后院厢房为住所。主体建筑三梁起架，有飞檐、走廊、明柱、进柱，为青砖木石结构，顶上为灰布瓦。抗日战争时期，房主王大田为保证安全，在内院两旁各建了一个炮楼。

（2）南楼。南楼（图 6–1–61）是位于核心保护区中心的另一处老宅院，为两进式院落，建于清朝康熙年间，目前保存较好。南楼是以前大户人家接待客人时给客人居住的院落。前院为厨房、杂物间及仆人居住的地方，后院为一正两厢的格局。正房给客人中的长辈居住，两侧厢房给客人中的晚辈居住。

2. 公共建筑

北王庄村历史环境保护较好，遗存了大量明清时期的古迹遗物，它们增强了古村历史风貌的厚重感，有的至今仍为村民不可或缺的生产、生活设施。北王庄村前村后古木参天，古戏台、古庙等一起印证了村庄悠久的历史。村周围共建有 8 座庙，村东有土地庙、灵官庙、玄坛庙，村西有龙王庙、山神庙，村南有关帝庙、菩萨庙，村北有玄帝庙。据记载，明代后期，人们把村西的龙王庙迁至村中，扩大了规模，当时它是周围村庄中最大的龙王庙。在庙的正对面还建了一座大戏台。古戏台为石木结构，为典型的明清风格建筑，是北王庄村的标志性建筑。据村里的老人讲，每逢村中有大事、集会都要在戏台上唱大戏，十里八村的乡亲都会赶来凑热闹。不过历经几百年的岁月沧桑，几经翻修的古戏台还是在 2003 年坍塌了，只留下 4 根石柱和基石。

图 6–1–60 客委院局部

图 6–1–61 南楼局部

第二节 北贾壁乡

北贾壁乡地处磁县西北部的太行山东麓，距磁县县城30.8千米，群山环抱，东与峰峰矿区接壤，西与涉县交界，北与武安市毗邻。北贾壁乡面积为72平方千米，辖25个行政村，乡政府驻地为北贾壁村。

北贾壁乡的村落多形成于汉初。相传战国名相蔺相如的后裔为避战乱隐居于此，故此地的历史文化底蕴深厚。北贾壁乡还是磁州窑文化发祥地之一，境内有北朝时古瓷窑址1处，有建于隋代的弥陀寺以及龙凤山、卧龙险峰、青峰溶洞等文物遗址和自然景观。

北贾壁村

（一）村落概况

基本情况　北贾壁村地处太行山东麓，是典型的山区村庄，地势东南低、西北高，村域面积为21平方千米。北贾壁村历史悠久，文化底蕴深厚，名胜古迹遍布村内，有保存完整的国家重点文物保护单位“磁州窑遗址”和省、市、县级爱国主义教育基地——磁县抗日民主政府旧址和纪念馆。2012年其被列入第一批中国传统村落名录。

历史沿革　据《磁县县志》记载，北贾壁村始建于元代，距今已有1 700多年的历史。相传汉光武帝刘秀走南阳时路过北贾壁村，看见一座石碑，走近发现碑面无字。刘秀说“原来是座假碑”，后取谐音为“贾壁”。也有人称，“贾”为贵重之物的意思，此地有北朝时古磁州窑址，“贾壁青瓷”曾名噪一时，所以此地是因物得名。北贾壁村有光荣的革命历史传统，抗日战争时期，北贾壁村抗日民主县政府是华北地区成立最早的抗日民主县政府。

（二）空间格局

北贾壁村民居多是依山而建，村中心最低处有一条河沟，横穿过村。村中民居多依河沟向两边山坡建起。村东有凤凰山，西有白龙垴，村子地处河谷之中，凤凰山、白龙垴相互交错，给人们“龙凤呈祥”之感受。北贾壁村自南向北呈船形，著名的施锚口因此而得名。北贾壁村的胡同具有沧桑的历史风韵，比如观音堂胡同（图6-2-1）位于北贾壁村正中央，古老的漫水桥正东，全长150米，与漫水桥的东码头紧密相连，呈曲尺状。胡同北高西低，落差有6米之高。著名的石鸡岭石板路长约6.5千米。据碑志记载，清朝时，蔺皋第七代传人蔺守经率众投资投劳，劈山凿岭，逢沟修岸，将此石板路拓至今天的宽度。石鸡岭石板路是磁县西部山区

的陶泉、岔口、杨家堂、水峪、天濠等几十个村庄通向彭城、峰峰矿区、邯郸市区等地的必经之路。北贾壁村的村落环境见图 6-2-2，街巷空间见图 6-2-3。

（三）物质文化遗产

北贾壁村现有传统古民居院落 280 多处，多数完好，仍能居住。它们分布在村内古河道东、西两侧，为石砖木结构，多为冀南明清风格建筑，以北方传统四合院格局为主。院落宽敞明亮，由主房、厢房、门楼、院墙组成，青石铺地，建筑风格古朴凝重，体现了古代冀南地区的建筑技艺。

1. 传统民居

北贾壁村古民居建筑群大多建于民国时期，也有一些明清时期的历史建筑。古民居以四合院式的单体院落为主，也有较为复杂的复式院落。北贾壁村河道两旁保存有相对完好的传统民居，建筑风格独具特色，青砖盖瓦，门窗影壁雕刻精美，街道用石板铺成，并且保留了许多带文字的砖雕。

（1）吝祥川宅院。吝祥川宅院（图 6-2-4）院落宽绰疏朗，四面房屋各自独立，又彼此连接，起居十分方便。正门上方有门楼，院内分上下院，门窗均为拱形样式，房门都开向院落。院中的北房是正房，院子的两边建有东西厢房。

（2）王志科宅院。王志科宅院（图 6-2-5）整体是一个有 2 层小楼的四合院。房前有一个拱形门，自成格局，

图 6-2-1 观音堂胡同

图 6-2-2 村落环境

形成一个外院，可种花、种菜，随后是正门，高约 2 米，门的上方有木制的“福满盈”门沿（门匾）。院内两侧建有东、西偏房，在正房和偏房之间有小院，院落宽敞。

（3）吝维生宅院。吝维生宅院（图 6-2-6）为明清时期典型的传统民居建筑，呈四合院布局。该建筑为石木结构，造型具有本地特色，建筑风格古朴凝重。宅院有两重门，第一重门高约 2.5 米，有 2 层石阶，门内是一个 8 平方米左右的小院。随后是第二重门，自成格局，形成一个外院，四周房子均是 2 层楼房。

（4）吝朝珍宅院。吝朝珍宅院（图 6-2-7）门前有小菜园，2.2 米高的木制门前有 3 级台阶。门里有 3 米见方的过道，过道的尽头是一面石砌的影壁，院内南、西、北面房门都开向院落，正偏房的窗均为拱形样式，正房侧面是一个后院，主要用于储存粮食。

（5）吝增文宅院。吝增文宅院（图 6-2-8）为典型的北方四合院布局，是由东、西、南、北四个方向的房子围合形成的内院式住宅。院落宽绰疏朗，四面房屋各自独立又彼此连接，起居十分方便。

（6）吝增武宅院。吝增武宅院（图 6-2-9）为典型的北方四合院布局，是由东、西、南、北四个方向的房子围合

图 6-2-3　街巷空间（组图）

图 6-2-4 吝祥川宅院

图 6-2-5 王志科宅院

院落

大门

图 6-2-6 吝维生宅院

形成的内院式住宅。门前有青瓦砌成的门沿，正门的上方有“和为贵”字样的木制图案。

（7）范存英宅院。范存英宅院（图 6–2–10）的正门是约 2 米高的木制门，门前有 20 厘米高的门槛，两边有石座。院内西面有正房 1 间，北面有偏房 1 间，其他两面为院落。窗结构为老式半圆形木制窗。整个墙体由石砖砌成。

（8）呇利勤宅院。呇利勤宅院见图 6–2–11。

2. 公共建筑

北贾璧村公共建筑较多，有传统磨坊、三节楼、磁县抗日民主政府旧址、龙凤明堂以及民国时期的商业建筑等。建筑材料多为石木砖瓦，建筑上有木制楼顶、挑角飞檐、画梁斗拱等。

（1）关爷庙。关爷庙（图 6–2–12）位于北贾璧村南，建于明朝永乐年间，占地面积约为 60 平方米。关爷庙有正殿 1 间，为传统的砖木结构建筑，正殿高 6 米，三铺顶，山墙正上方有精美石雕，装饰华丽。殿内关羽塑像居中，高 2.5 米，左有周仓，右有关平，墙上有描绘关公故事的重彩壁画。

大门

院落

图 6–2–7　呇朝珍宅院

大门

院落

图 6–2–8　呇增文宅院

大门

院落

图 6-2-9 吝增武宅院

大门

院内房门

图 6-2-10 范存英宅院

（2）抗日民主县政府旧址。抗日民主县政府旧址位于北贾壁村中一座清末民初的四合院内，见图 6-2-13。

（3）龙凤山明堂。龙凤山明堂（图 6-2-14）始建于南北朝，坐落于凤凰山双翅怀抱之中，龙虎守护，实为聚气之风水宝地。由于朝代的变迁，其年久失修，仅剩残缺的几根石柱。1980 年，有关部门出资，在旧址的基础上修缮龙凤山明堂。现今龙凤山明堂坐北向南，依山就势，分设 4 个台基、多层楼阁，高达 45 米，呈塔状。

（4）田裕民抗战纪念碑亭。田裕民抗战纪念碑亭位于北贾壁村以西的水峪寺东南方，见图 6-2-15。抗日民主县政府成立大会会址、八路军兵工厂旧址就在其附近。亭内矗立着一座高 4 米、1 米见方的石碑。该碑亭现保存完好，已被列入爱国主义教育基地加以保护。

（5）三节楼。三节楼始建于宋代，位于村正中心马鞍场内。三节楼因建筑的 3 层重檐而得名，台基长 10 米，呈长方形，台高 2 米，上建楼 3 层。因年久而损毁严重。民国时期，北贾壁村民将其重新修缮，现状如图 6-2-16。

3. 历史环境简介

北贾壁村的历史环境分析见图 6-2-17。

大门

院落

图 6-2-11　客利勤宅院

图 6-2-12　关爷庙

（1）南大圈。南大圈（图 6-2-18）建在北贾壁村南头的出水口处，历史悠久，是北贾壁村风水之要塞。

（2）北贾壁村河沟。北贾壁村河沟位于村中心，纵贯村南北，长约 5 千米，宽约 10 米。东汉时期，此处有一条河流，每到汛期山洪顺流而下，两岸居民常常受到洪水的侵扰。到了隋朝，由于地壳的变动，上游河水改道，从此河沟干枯，但山洪暴发时，洪水仍旧泛滥，因此朝廷出资、出劳工，加固河沟两岸，

图 6-2-13　抗日民主县政府旧址

图 6-2-14 龙凤山明堂

图 6-2-15 田裕民抗战纪念碑亭

图 6-2-16 三节楼

使河沟变成防洪、泄洪的工具。直至今日，此河沟依然具有防洪功能。

（3）漫水桥。漫水桥（图 6-2-19）始建于清光绪二十年（1894 年），距今已有 100 多年的历史。漫水桥建在村中河沟的河道上，呈东西走向，与村北的凤凰山遥遥相对。桥面宽 4 米，长 12 米，共分 5 个桥孔，中孔 2.5 米长，两边 4 个桥孔平均分开，上有 5 排整齐的近 4 米长的石板，石板与桥墩之间以榫槽连接成一体。4 座桥墩的迎水面处呈半圆形，可减弱洪水对桥墩的冲刷力。

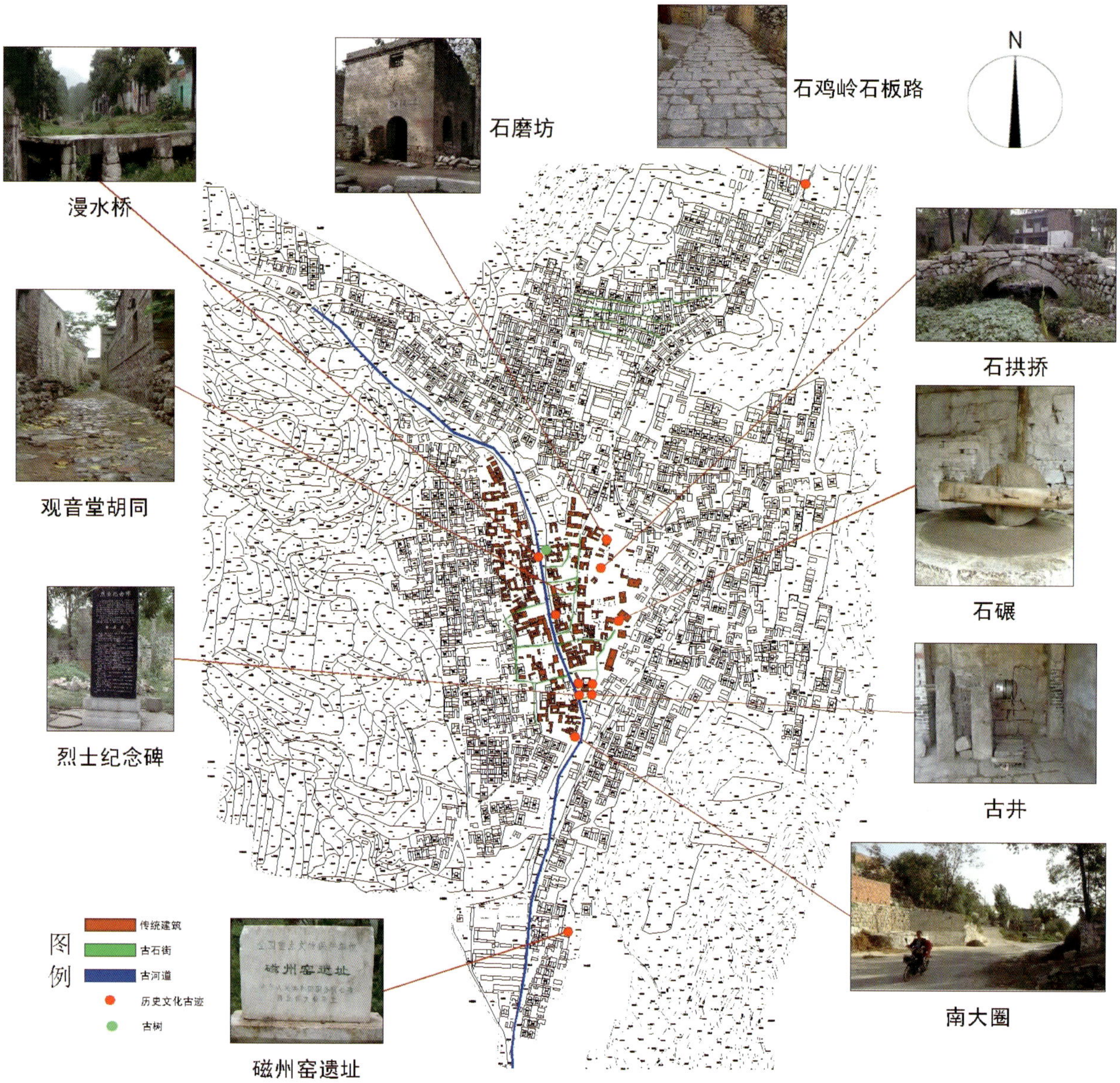

图 6-2-17 历史环境分析

（4）烈士纪念碑。烈士纪念碑（图 6-2-20）位于北贾壁村南马鞍场内。抗日战争时期，抗日民主县政府成立大会会址、八路军兵工厂旧址就在其附近。该碑建于抗战胜利后，碑高 4 米、宽 1 米。碑的正面撰刻有北贾壁村的抗战历史和北贾壁村历代英雄的光荣事迹。该碑现保存完好，已被列为爱国主义教育基地。

（5）磁州窑遗址。磁州窑是我国古代北方最大的民窑体系，也是著名的民间瓷窑。窑址在今河北邯郸磁县一带，北贾壁村在宋朝时期开始建造磁州窑，清朝延续了下来，磁州窑的烧造历史悠久，具有很强的生命力。磁州窑遗址见图 6-2-21。

图 6-2-18 南大圈

图 6-2-19 漫水桥

（6）石拱桥。石拱桥（图 6-2-22）用天然石料建造，主要用来防洪、排水。石拱桥建于清朝光绪年间，已有 100 多年的历史。此拱桥有 1 个桥孔，桥侧雕有避水兽，桥长约 5 米，桥面宽 3 米，由数块大石铺成。石料各面凿有细密的斜纹，石块相互咬合扣紧，十分牢固。在漫长的岁月中，石拱桥虽然经过无数次洪水冲击和风吹雨打，但却安然无恙，至今仍在使用。

图 6-2-21 磁州窑遗址

图 6-2-20 烈士纪念碑

图 6-2-22 石拱桥

第三节 非物质文化遗产

悠久的历史积淀了深厚的传统文化，磁县的非物质文化遗产丰富，主要有武术、民间秧歌、高跷、传统戏剧和舞蹈、送灯盏等文艺活动，还有手工纺织、制衣、编织、剪纸、绘画、书法、泥塑、雕刻等传统工艺以及传统小吃如豆腐、粉条等的制作。织布这一古老的传统手工艺在磁县很多乡镇仍在延续。织布机是制作老粗布的一种传统木制机械。村民先将棉花纺成棉线，再经过多种工序，穿梭带线，织成宽窄薄厚不同的老粗布。图 6-3-1 为村民在织布。另外，村民们还擅长手工，他们缝制的手工艺品相当精美，图 6-3-2 为村民缝制的虎头鞋。

图 6-3-1　织布

图 6-3-2　虎头鞋

花驼村内传统武术代代相传，村民有习武的习惯，每天早上，半山腰或村北广场都有强身健体的习武之人。图 6-3-3 为花驼村的村民在习武。北王庄村的武术始于明末清初，迄今为止已有 6 代武术传人，村民崇尚武术，爱好健身，北王庄村在方圆百里有“河北小梁山”之美誉。

南王庄村的石雕技术始于明代，现代石工巧匠传承人杨照亮传承历史石工技艺，雕刻的屏风、雄狮、石像等线条流畅，形象逼真，见图 6-3-4。南王庄村的书法也是该村的一大特色。清末童生王清安书写的楷书，字迹清秀，结构严谨，见图 6-3-5。现代名笔王美强书写的草书行云流水，笔力遒劲，变化万千。

图 6-3-3　村民习武

图 6-3-4　石狮

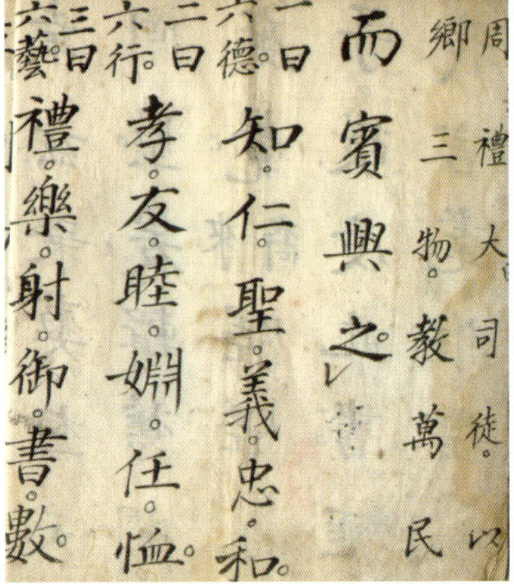

图 6-3-5　王清安书法作品

北王庄村有送灯盏的习俗，一般在每年正月十六晚上送灯盏。人们在各个街口人多的地方搭过街灯（也叫灯盏棚），灯盏棚上点满灯盏，灯火通明。

北岔口村的民俗文化主要为四股弦。1940 年，该村成立了磁县第一个县级剧团——北岔口四股弦剧团。该剧团演出了很多优秀的剧目，如《血泪仇》《刘胡兰》《白毛女》等。该村四股弦于 2009 年被磁县人民政府列入非物质文化遗产保护名录。北岔口村的戏曲表演见图 6-3-6。

图 6-3-6 戏曲表演（组图）

第二篇 保定篇

保定市位于华北平原中部、河北省中部，北临北京市和张家口市，东接廊坊市和沧州市，南与石家庄市和衡水市相连，西部与山西省接壤。保定市与北京、天津构成黄金三角，自古是“北控三关，南达九省”的“通衢之地”，素有“京畿重地”“首都南大门”之称，为国家级历史文化名城。保定市及各辖区总面积约为 2.2 万平方千米。保定下辖 5 个市辖区（竞秀区、莲池区、满城区、清苑区、徐水区）、15 个县（易县、涞源县、定兴县、顺平县、唐县、望都县、涞水县、高阳县、安新县、雄县、容城县、曲阳县、阜平县、博野县、蠡县）、3 个县级市（涿州市、安国市、高碑店市），另设高新技术产业开发区、白沟新城。

第七章 顺平县

顺平县位于河北省西部、保定市西郊、太行山东麓，地势西北高、东南低，境内多山与丘陵，平原约占 2/5，总面积为 700 多平方千米。县内有顺神公路、京广西线公路过境。至 2017 年，顺平县下辖 5 个镇（蒲阳镇、高于铺镇、腰山镇、蒲上镇、神南镇）、5 个乡（白云乡、河口乡、安阳乡、台鱼乡、大悲乡），县政府驻地为蒲阳镇。

第一节 腰山镇

腰山镇位于顺平县城东北约10千米处，面积约为26.7平方千米，镇政府驻地为南腰山村。全镇以农业种植为主，高效农业发展迅速，现已形成了东部以伍侯村为中心的葡萄、西瓜种植区，西部以才良村、韩新庄村为中心的大棚桃、大棚草莓种植区，南部以东韩童村为中心的黄花菜种植区。

南腰山村

（一）村落概况

基本情况　顺平县南腰山村是伴随王氏庄园兴盛而形成的古村落，距顺平县城东约9.5千米，在保阜公路北侧300米处。南腰山村为丘陵地貌，北部沿山地带海拔在200米左右，岩层主要为太古界麻岩和页岩、厚灰岩。南腰山村为河北省历史文化名村，2013年被列入第二批中国传统村落名录，2014年被列入第一批中央财政支持范围的中国传统村落名单。

历史沿革　此片村域始建于明初，因西北有腰子山而得名，后分为3个村，南腰山村因位于南部而得名。清朝四品副将王锡衮因功受封，在南腰山村跑马圈地修建王氏庄园，南腰山村随之兴盛。

（二）空间格局

历史上南腰山村街巷均是青石铺路。街巷两侧是青砖灰瓦的院落建筑，青砖灰瓦与青石街巷相映成趣，与山水一起构成富有韵律和变化的景观。随着南腰山村的发展，街巷已改为水泥硬化路面，道路两侧为青砖或红砖墙，间或有一些砖门楼，在街道沿线有部分近年种植的国槐行道树。南腰山村的村落环境见图7-1-1，民居鸟瞰见图7-1-2。

（三）物质文化遗产

1. 传统民居

南腰山村的历史风貌建筑主要集中在腰山王氏庄园。清顺治元年（1644年），清军正黄旗将领王锡衮入关，因受封在南腰山村圈地定居，顺治四年（1647年）初建庄园，现存北园的思义堂、尊义堂均为当时兴建。清康熙五

图7-1-1　村落环境

图 7-1-2　民居鸟瞰

年（1666 年）王锡衮大兴土木，修建了南园的仁和堂、梦和堂，中园的述和堂、尚礼堂。清康熙三十五年（1696 年）至乾隆十一年（1746 年），其孙王命召开始农商兼营，王命召的儿子王鸿壮大家业，又陆续建成几十套宅院、数百间房屋。清道光二十年（1840 年）后，王氏子孙经营不善，家业日渐衰败。

王氏庄园是集官宅、北方民居于一体的城堡式府邸，是华北地区保存最为完好的清代古民居建筑群，也是全国现存规模最大的清代将军府邸。庄园仿北京的王府建造而成，坐北朝南，气势恢宏，院落宽敞，东西宽约 368 米，南北长约 504 米，占地面积约为 185 500 平方米，现存约 43 000 平方米，房屋百余间。庄园内原有 3 条东西内街将庄园分为 4 部分，由北向南依次为北园、中园、南园和场院。北园为住宅区，建有院落 50 多套，各类房屋 500 多间；中园为王家祠堂、私塾院和寺院；南园是庄园的核心，是一个有内城墙围护的、戒备森严的将军府；场院是王氏家族的收租院、车马院、碾棚院。王氏庄园见图 7-1-3~ 图 7-1-9。

南园将军府原为四世同堂的大院，其西路是老人颐养天年的住所，中路是王锡衮的住宅区——仁和堂，中间有榕花院，东路梦和堂为王佩的住宅区，梦和堂东面是花园，园内有小姐闺房。当前中路、东路部分的宅院保存较为完整。南院的正院仁和堂包含四进院及跨院，布局考究、装饰精美、功能配置完善。仁和堂正门外有影壁 1 座，一进院为外院，主要为佣人们活动的地方，南屋倒厅与正厅相对，两侧有东西门；二进院为客房院；三进院为书房院，东厢为主人书房，西厢为子女的书房；四进院为居住的宅院，正房为主人居所，厢房为子女居所。2001 年 6 月，南腰山村王氏庄园入选第五批全国重点文物保护单位。2004 年，王氏庄园被评为 AAA 级旅游景区。

图 7-1-3 王氏庄园梦和堂鸟瞰

图 7-1-4 王氏庄园鸟瞰

入口大门

垂花门木雕

垂花门门楼

图 7-1-5　王氏庄园大门及垂花门细部

内部大门

抱鼓石 1

抱鼓石 2

图 7-1-6 王氏庄园大门及抱鼓石

图 7-1-7　王氏庄园内部大门

木雕

角柱石雕

屋脊瓦饰

图 7-1-8　王氏庄园建筑细部

图 7-1-9 王氏庄园饭厅

2. 历史环境简介

(1)王氏庄园古井。古井建于清初，位于南园榕花院内，见图 7-1-10。

(2)古碑。古碑是清代王氏孝廉墓碑，现已做墙基。

图 7-1-10 古井

第二节 非物质文化遗产

顺平县的非物质文化遗产有顺平地平跷、尧乡南乐会、面塑(曾氏面塑)等。

顺平地平跷由“寸跷”演变而来，距今已有 200 多年的历史。相传在清朝乾隆年间，顺平县(原完县)就盛行寸跷舞。民国以后，经当地艺人冀连三、邓金河等人改编，表演者不再用脚蹬寸跷，但仍模仿踩跷动作进行表演，形成了极具地方特色的地平跷舞。地平跷虽没有了寸跷中脚踩的矮跷，但保留了寸跷的舞蹈风格——颠颤步。颠颤步是以脚掌为动力，通过膝盖的弯曲带动全身，形成身体上下一致的颤动。经过长时间的发展，地平跷在颠颤步的基础上又衍生出了掌颠步、平颠步、踱颠步、碾颠步、跳颠步等舞蹈步伐，配合表演人物夹裆、含胸和胯部的扭动，构成了地平跷独特的艺术风格。

第八章 清苑区

清苑区地处河北省中部，京、津、石三角腹地，西倚太行山，东临白洋淀，怀抱古城保定，境内交通便利。至 2018 年，清苑区总面积为 867 平方千米，全县共辖 18 个乡镇（清苑镇、冉庄镇、阳城镇、魏村镇、温仁镇、张登镇、大庄镇、臧村镇、望亭镇、白团乡、北店乡、石桥乡、李庄乡、北王力乡、东吕乡、何桥乡、孙村乡、阎庄乡），清苑区政府驻地为清苑镇。

第一节 冉庄镇

冉庄镇位于清苑区西南部，距清苑城区约 15 千米，北临白团乡，东接张登镇，南连李庄乡，西望阳城镇。镇内交通便利，总面积为 64.4 平方千米，镇政府驻地为冉庄村。

冉庄村

（一）村落概况

基本情况 冉庄村位于河北省保定市清苑区西南部，距保定市区 34.9 千米。冉庄村有享誉中外的冉庄地道战遗址，该遗址是抗日战争时期中国共产党领导下的华北抗日敌后战场中一处极为珍贵的战争遗址。冉庄村于 2007 年被列入第三批中国历史文化名村名录，2012 年被列入第一批中国传统村落名录，2016 年被列入中央财政支持范围的中国传统村落名单。

历史沿革 冉庄村以抗日战争时期开展的地道战而闻名中外。1938 年至 1945 年初，冉庄村逐步形成了完整的地道网，全长 16 千米。地道与地上民居、庙宇、地下水井、暗堡、兵工厂等相结合形成独具特色的防御和作战体系。

（二）空间格局

冉庄以十字街为中心，仍保留着 20 世纪三四十年代冀中平原村落的格局和环境风貌。冉庄村地处海河流域平原，地势较平坦，村内有 2 条季节性河流，分别是九龙河和西开河。冉庄村的村落环境见图 8-1-1，街巷空间见图 8-1-2。

（三）物质文化遗产

1. 传统民居

冉庄的传统民居为 1 层平顶式砖木结构建筑，以青灰色为主调，有褐色窗棂，多采用黑色木门，为典型的北方民居风格，民居按住户形成院落，见图 8-1-3。传统建筑装饰瓦口见图 8-1-4。

图 8-1-1 村落环境

图 8-1-2　街巷空间（组图）

2. 公共建筑

冉庄村内有古寺庙 6 座，即关帝庙、三官庙、五道庙、双庙、青神庙和老母庙。在抗日战争时期，这些寺庙被改装成庙宇工事，在地道战中发挥了重要作用。

（1）关帝庙。关帝庙（图 8-1-5）为单层砖木结构，入口门楼为一殿一卷勾连搭式，门楼正对大殿，大殿为硬山筒瓦顶，面阔 3 间带前廊。

（2）三官庙。三官庙（图 8-1-6）为单层砖木结构，为硬山筒瓦顶。

（3）五道庙。五道庙（图 8-1-7）由砖石墙围成院落，建筑为硬山筒瓦顶。

（4）双庙。双庙（图 8-1-8）为单层砖木结构，为硬山筒瓦顶。

图 8-1-3 传统民居（组图）

图 8-1-4　瓦口

（5）老母庙。老母庙（图 8-1-9）为单层砖木结构，为硬山筒瓦顶。

3. 历史环境简介

（1）古槐树。冉庄村的古槐树传说为唐槐，迄今已有千余年历史。1965 年，电影《地道战》拍摄时曾在树下大量取景，当时槐树枝叶仍有生机，电影拍完后，它似知已完成最后的历史使命，便枝脱叶落，逐渐干枯。冉庄村的古槐树和大钟是《地道战》中经典的标志，为人们所熟知。古槐树见图 8-1-10。

大门内侧

大门外侧

正殿

佛龛边的地道口

图 8-1-5　关帝庙

图 8-1-6 三官庙

图 8-1-9 老母庙

图 8-1-7 五道庙

（2）地道。冉庄地道以村中十字街为中心，向东、南、西、北各有一条主干线，另有东西支线 11 条，南北支线 13 条。地道一般宽 0.7~0.8 米，高 1~1.5 米，地道顶距地面约 2 米，分为群众隐蔽地道和军用作战地道两种。地道结构复杂，各种设施十分齐全，设计巧妙，设有总指挥部、厨房、饭厅、休息室、储粮室、地下兵工厂、厕所等，还有防毒的设备和翻板陷阱。地道的出口多设在锅台、碾台、牲口槽、风箱、井口、炕头等隐蔽之处，不易被敌人发现。地道还与水井相连，这样既可以通气，又便于取水。地道的作战工事包括：设在各路口房屋上的高房工事，建于地面上的地堡，在小庙、碾台、柜台、墙角、墙根、暗室等处的地道口工事或射击口，除此之外，沿着大街小巷的建筑墙壁上均设有暗枪眼，由此形成了一个隐蔽的立体作战网。地道口见图 8-1-11 和图 8-1-12。

（3）地平堡。地平堡位于地道战纪念馆对面。在战争时期其曾与地道相通，既能观察敌情，又能冷枪杀敌，与地面形成了火力交叉网。地平堡的现状见图 8-1-13。

图 8-1-8 双庙（组图）

图 8-1-10　古槐树

马槽地道口 1

马槽地道口 2

水井地道口

图 8-1-11　地道口 1

农户火炕地道口

碾盘地道口

图 8-1-12 地道口 2

图 8-1-13 地平堡

第二节 孙村乡

孙村乡地处京、津、石腹地，位于清苑区东北部，西与保定市区接壤，距其约 5 千米，交通便捷。孙村乡面积约为 22 平方千米，乡政府驻地为南孙村。

戎官营村

（一）村落概况

基本情况　戎官营村隶属清苑区孙村乡，位于乡政府东偏北 1.2 千米处，距清苑城区 12 千米，距保定市中心 12 千米。戎官营村是冀中平原村庄，属暖温带大陆性季风气候，四季分明。2014 年，戎官营村被列入第三批中国传统村落名录，2016 年被列入中央财政支持范围的中国传统村落名单。

历史沿革　关于戎官营村的形成有着不同的说法。一种说法是此村因明代移民屯田而形成；另一种说法是元末戎氏自今鹿泉上庄迁出，在此定居建村，因其祖坟为官坟，“茔”与“营”同音，故称“戎官营”。现在村中戎姓居多，所以村民们一般认可戎氏建村的说法。

（二）空间格局

戎官营村是一个平原村庄，村内有多处沥涝形成的坑塘，夏季下雨时坑塘有水，其他时间无水。农作物种植主要以玉米、小麦为主，村内主要种植杨树和槐树。村庄北侧、西侧及东侧均为农田，呈现出浓郁的田园风光，村庄南侧是保定通往安新县的保新公路。

（三）物质文化遗产

戎官营村内现存传统建筑多为平房，采用单坡屋顶，为木檩结构，以木柱托梁架檩，支撑椽条和平屋顶，外墙由砖砌成，分立砖、卧砖两种砌筑方法。房屋 3 间或 4 间一字排开，中间为堂屋，两边为卧室。进门是堂屋，堂屋兼厨房，做饭兼烧炕，门后左右两边各有一个锅灶，俗称“二虎把门”。火炕在南向，同灶相连。房屋进深较小，北向不开窗，南向为木格纸糊窗，透光率小。村内传统建筑以砖雕及类似于镰刀柄的房山头最为突出，砖雕多位于房屋墀头、门窗洞口上方及门口两侧的天地龛，房山头沿街一面均有花纹，门窗上雕刻有图案。戎官营村传统民居局部砖雕见图 8-2-1，传统民居见图 8-2-2。

图 8-2-1　传统民居局部砖雕（组图）

图 8-2-2　传统民居（组图）

第三节 阎庄乡

阎庄乡是1999年保定市区划调整时新建的乡，位于保定市东北郊，毗邻河北大学新校区，距市中心7千米，乡政府驻地为中阎庄村。其东为臧村镇，南为孙村乡，西临百楼乡，北与徐水区接壤，地理位置优越，交通便利，土地资源丰富，属远郊农业型乡镇，地域面积约为22.33平方千米。

国公营村

（一）村落概况

国公营村位于冀中平原，隶属清苑区阎庄乡，西南距乡政府驻地3千米，距清苑城区20千米，距保定市中心15千米。

（二）空间格局

国公营村目前有传统民居40余处。多数民居坐北朝南，3~4间一字排开。村庄地势平坦，路网呈南北向、东西向纵横交织，构成传统村落的空间形态基础。村庄道路按宽度及使用功能分为主路和支路，主要街道为水泥硬化路面，宽2.5~4.5米，次要道路及街巷多为砖铺，宽度较窄。国公营村的村落环境见图8-3-1。

（三）物质文化遗产

1. 传统民居

国公营村中的传统民居为典型的冀中平原建筑风格，多建于20世纪五六十年代，屋顶为双面人字坡，青砖灰瓦，正立面有砖雕。20世纪七八十年代的民居建筑屋顶多取单坡式，墙体多用红砖，但依然延续了檐口的绘画、墀头砖雕、半坡的屋顶、烟囱等传统要素。传统民居的墀头雕刻见图8-3-2，村内传统民居见图8-3-3。

2. 公共建筑

国公营村的公共建筑主要有观音亭、大雄宝殿、当阳

图8-3-1 村落环境

图 8-3-2　墀头雕刻（组图）

图 8-3-3　传统民居（组图）

宝塔、舍利宝塔、无生老母庙等。观音禅寺建于隋朝以前，金、明时期均重修过，抗日战争中被毁。1990年以后，当地居民再次捐款重建古刹，新建筑为明清建筑风格。

（1）观音亭。观音禅寺天王殿背面的观音亭为重檐八角攒尖顶，上铺黄色琉璃瓦，坐落在直径8.5米、高约75厘米的台基上。观音亭直径4.38米，高11米，副阶周匝，整体结构为水泥浇筑，见图8-3-4。观音亭与东西双塔相呼应，为寺庙内独具特色的景观。

（2）大雄宝殿。大雄宝殿为明清风格建筑，重檐歇山琉璃瓦顶，面宽22米，进深18米，前后出抱厦，坐落在1.6米高的方形月台上。大殿为全木结构，飞檐斗拱，雕梁画栋，独具一格，见图8-3-5。

（3）双塔。观音亭两侧的双塔为东塔“舍利宝塔”和西塔“当阳宝塔”。舍利宝塔高9层、51米，为八角形砖混结构仿古宝塔，塔基高2.5米，四面均有12级台阶，塔内两侧有楼梯通至塔顶。当阳宝塔为7层，36.5米高，坐落在3米高的台基上，为仿古砖混结构建筑。双塔见图8-3-6。

图8-3-4 观音亭

图8-3-5 大雄宝殿

当阳宝塔

舍利宝塔

图 8-3-6　双塔

观音禅寺（图 8-3-7）整体布局严谨，中轴线上从南到北依次为天王殿、观音亭、大雄宝殿、念佛堂、弘法楼。东西两侧分别是舍利宝塔、客堂、斋堂、当阳宝塔、云水楼、大斋堂，其中双塔景观堪称当地一绝。观音禅寺内大雄宝殿门前两侧分别端坐着两只汉白玉石狮，为明代遗存，其中一石狮见图 8-3-8。

图 8-3-7　观音禅寺

图 8-3-8　汉白玉石狮

第四节 非物质文化遗产

清苑区主要有以下非物质文化遗产。

（1）绣球龙灯。绣球龙灯经世代相袭流传至今，凝聚了戎官营村数代人的心血和智慧，以与众不同的独特造型和变化多端、光彩夺目、气势恢宏的表演形式深受大家喜爱。舞龙队现在的传承人为戎云鹏，队名为“中华绣球龙灯舞龙队”。

绣球龙灯由龙头、龙体、龙尾3部分组成，共12节（闰年13节），每节代表一个月，两条龙共24节，象征一年24节气。各节之间断开，每节由两个绣球状的圆球构成，球内有蜡烛，点燃后，灯芯向上不易熄灭。表演时各节随龙头舞动，引龙人持彩球（龙珠）戏逗红、绿两条龙互舞，其表演形式分为“踩街”和“撂场”两种。表演内容有二龙出水、龙马献图、跃龙门、龙门阵、大过桥、月亮门、抄连环、二龙逗宝珠、金龙盘玉柱、二龙戏水、摆字、吐字等。舞龙者有男有女，伴奏乐器有大鼓、堂鼓、大锣各1面，铙4副，大钹6副，小镲2副，马锣2面。

（2）国公营村三月三庙会。此庙会是保定古老的庙会，也是神圣的庙会。庙会的中心地点是村西北处的千年古刹观音禅寺内的当阳宝塔和与其毗邻重建的无生老母庙。

每年阳春三月，从农历初一到初三每天都有很多人涌向清苑区国公营观音禅寺。有的香客来自日本、美国等国家，上海、北京、天津等地的香客也为数众多。人们去朝拜“无生老母”（俗称“老母奶奶”），参加一系列的法事活动，去赶“三月三”。三月三甩香山颇有特色，此地烧香不是以支为单位，而是以堆为单位，称“山”。将成捆的草香解捆，堆插如山。三月三的民俗活动见图8-4-1以及图8-4-2。

（3）其他。秧歌、高跷等作为一种传统的自娱自乐的表演形式在国公营村有着悠久的历史，每逢庙会或特殊的日子，村秧歌队的表演必不可少，为活动增添喜庆的气氛，全村洋溢着浓厚的山村乡土文化气息。在文化事业飞速发展的今天，地方艺术仍以其特有的魅力成为古村的骄傲，并被赋予了新的时代内涵。

图8-4-1 三月三朝拜

图8-4-2 三月三甩香山

第九章 定州市

定州市是河北省直接管辖的县级市，享有副地级市待遇，位于保定市和石家庄市之间、太行山东麓、华北平原西缘，自古就有“九州咽喉地，神京扼要区”之称。定州市总面积约为 1 275 平方千米，下辖 4 个街道（南城区街道、北城区街道、西城区街道、长安路街道）、14 个镇（留早镇、清风店镇、庞村镇、砖路镇、明月店镇、叮咛店镇、东亭镇、大辛庄镇、东旺镇、高蓬镇、邢邑镇、李亲顾镇、子位镇、开元镇）和 7 个乡（东留春乡、号头庄回族乡、大鹿庄乡、西城乡、息冢乡、周村乡、杨家庄乡）。2013 年 6 月，定州市被确立为河北省直管市，不再由保定市代管。

第一节 赵村镇

赵村镇，即定州市长安路街道办事处，地处定州城西 5 千米处，西与曲阳县相邻，位于唐河南岸，辖 25 个行政村，面积为 53 平方千米。

孟家庄村

（一）村落概况

基本情况 孟家庄村位于定州市西部唐河循环经济产业园区，距定州市区约 15 千米，西与曲阳县接壤，南临孟良河故道，并与中山国古城遗址隔河相望，是北岳进香、五台朝圣的必经之地。目前村落占地面积约为 40 万平方米，传统建筑规模约为 3 000 平方米。2012 年，孟家庄村入选河北省第三批历史文化名村。

历史沿革 孟家庄村建村至今已有约 2 000 年的历史。根据在村南沙矿发现的众多河卵石以及人们在建窑烧砖取土时发现的瓦砾，分析得出此地为古村落遗址。古代的城市、村落一般傍河而建，推算孟家庄原来应地处唐河故道，由于受上游泥沙的冲击，村子随河道逐渐北移了约 5 千米。由于历史上受儒家文化中孟子思想的影响，该村汉晋以后称“孟庄”。还有一种说法，根据《现代汉语词典》对“孟”字的解释，其含义为“在兄弟姐妹排行的次序里代表最大的”，由于孟庄是当地最大的村子，因而称“孟庄”。到明朝永乐年间，“孟庄”改称“孟家庄”，一直沿用至今。孟家庄是著名的缂丝之乡、三教之乡、雕刻之乡。

（二）空间格局

村内主要有东西向 3 条街道和南北向 4 条街道，其中各有两条 12 米宽的道路，类似方格网布局。

（三）物质文化遗产

孟家庄村现存传统民居 50 余套，这些民居的建筑时间最早可追溯到 20 世纪二三十年代，大部分在 1949 年前后修建。

1. 传统民居

（1）李湘纪念馆。李湘纪念馆（图 9-1-1）为单进院落，主体建筑为单层平顶，院内植有树木。李湘，又名李秀里，1914 年生于江西永新县，1930 年 8 月参加红军。抗战时期，孟家庄是晋察冀三分区活动范围，隶属定北县四区。1942 年 1 月，李湘调任三分区二团团长，1944 年 9 月任三分区司令员。在此期间，李湘多次率部队进驻孟家庄，整训队伍，发动群众，抗日除奸。抗日战争胜利后，李湘任冀晋纵队第一旅旅长。1951 年李湘任 67 军军长，后在朝鲜战争中牺牲于朝鲜战场。

（2）清代孟家庄民居。此民居始建于清代，为砖木结构，正房为砖墙瓦顶带前廊，廊柱为黑色，门洞为砖砌拱形。两侧厢房较主房高度略低，见图 9-1-2。

2. 公共建筑

（1）真武庙。真武庙（图 9-1-3）始建于明朝永乐年间，建庙历史近 600 年，是公认的古庙文化遗产。每年农历三月初三，即真武大帝神诞之日，有各地群众来真武庙奉祀、祝诞、祭典，孟家庄庙会因此而来。真武庙为硬山筒瓦顶，面阔 3 间带前廊，檐下施彩绘。该庙与顺平县真武庙齐名。

（2）双龙寺。在孟家庄村北有一座充满传奇色彩的寺院，名为双龙寺。大雄宝殿的卧佛系双面佛，建于唐朝天宝年间，与定州城内的开元寺（建于唐朝开元年间）东西相望，民间有“双寺镇中山，边境保平安”的说法，该寺于民国初期被毁。

（3）文博园。孟家庄现初步建成一座以定州缂丝为主题的文博园，内有缂丝作坊、宋代缂丝工艺家沈子蕃展馆、古井、古槐、古碑、石雕、塑像等，还建有以儒家文化为主题的亚圣岭孟子文化园，续建母教文化图谱、定州先贤大儒传承图谱、定武书院、藏经楼、名人名赋刻石园等。园中有清康熙五十九年（1720 年）重修兴福寺时立的碑，后兴福寺损毁，此碑改立于文博园。文博园见图 9-1-4。

图 9-1-1 李湘纪念馆

图 9-1-2 清代孟家庄民居

图 9-1-3 真武庙

缂丝坊

宋代缂丝工艺家沈子蕃展馆

文博园入口

兴福寺重建碑

图 9-1-4 文博园

3. 历史环境简介

古井。村内有古井，又称飞来井，砖砌井壁，已有几百年历史，见图 9-1-5。

图 9-1-5 古井

第二节 非物质文化遗产

（一）缂丝

孟家庄是缂丝之乡，是定州缂丝的发源地、生产地，也是丝线、绫绢集散地。孟家庄丝织作坊始于汉代，唐代为鼎盛期，有史书记载“定州何明远，家有绫机五百台”，当时的织造作坊面积达 5 万平方米，红红火火的“丝线互市”持续到明清时期。缂丝传人程苗欣见图 9-2-1，宋代缂丝工艺家沈子蕃的作品见图 9-2-2。

图 9-2-1 缂丝传人程苗欣

（二）孟庄小调

孟庄小调也称孟庄小曲，是在定州西部流传千年的一种民歌形式。题材涉及社会生活的各个方面，通俗易懂、流行性强，风格丰富多彩，意境开阔，内容题材相当广泛，戏文浅显易懂，使用方言土语，生活气息浓厚。

图 9-2-2 宋代缂丝工艺家沈子蕃作品

第三篇　沧州篇

沧州市是河北省的一个地级市，地处河北省东南部、河北平原东部的黑龙港流域，东临渤海，北部与天津、廊坊接壤，西部及西南部与保定市、衡水毗邻，南隔漳卫新河与山东省的滨州、德州相望，总面积约为1.4万平方千米。沧州市中心北距天津市约120千米、距北京市约240千米，西南距省会石家庄市约220千米，是首都北京和天津市的南大门。京杭大运河纵贯全境。沧州市辖2个市辖区（运河区、新华区）、4个县级市（泊头市、任丘市、黄骅市、河间市）、10个县（沧县、青县、东光县、海兴县、盐山县、肃宁县、南皮县、吴桥县、献县和孟村回族自治县）及沧州渤海新区、沧州经济开发区、沧州高新技术产业开发区。

第十章 盐山县

盐山县隶属河北省沧州市，位于沧州市东南部，东临渤海，北倚京津，南接山东，是两省（河北省与山东省）三市（沧州市、德州市、滨州市）的中心，素有“冀鲁枢纽”“京津门户”之称。全县总面积为800平方千米，辖6个镇（盐山镇、望树镇、庆云镇、韩集镇、千童镇、圣佛镇）、6个乡（边务乡、小营乡、杨集乡、孟店乡、常庄乡、小庄乡），县政府驻地为盐山镇。

第一节 庆云镇

庆云镇位于盐山县城东南部，东临渤海，北依京津，南依漳卫新河，与山东省庆云县相望。庆云镇是一个典型的农业镇，镇区中心为庆云古城，总面积为 66 平方千米，现存泰山行宫、大成殿、衙署二堂及明监狱遗址等一批省级文物保护单位，是目前环渤海地区保存最完整的明代古建筑群。2012 年，庆云镇入选河北省历史文化名镇。

相传“庆云”之名乃明代皇帝朱元璋所赐，有吉庆祥云之意。当时庆云古城城东有一卧龙岗。卧龙岗四面环水，岗上树繁草盛，其上常被云雾笼罩。《史记·天官书》曰：“若烟非烟，若云非云，郁郁纷纷，萧索轮囷，是谓卿云。”卿云，古以为祥瑞之气，取其意，且卿通庆，故取名“庆云”。明洪武六年（1373 年），此处设庆云县，庆云古城内建造有县衙、泰山行宫、庆云文庙等。

庆云古城

（一）空间格局

庆云古城的建设受到中国古代礼制思想的影响，有严格的轴线、等级体系。主要街道因为防卫和风水等需要而错位形成两组丁字街，街道尽头和交会处建有庙宇，形成街道对景。城池中建有寺、台、庙等公共建筑。庆云古城鸟瞰见图 10-1-1。

（二）物质文化遗产

1. 传统民居

庆云古城内的传统民居以青瓦、灰墙、黑柱或红柱为特色，以单个院落、单栋建筑为建筑主体。古城延续了传统的院落地块模数和院落边界，保持了街区的历史肌理和空间格局。传统民居多为砖木结构，古朴典雅。20 世纪 70 年代的民居多用水磨石材料建造，装饰花纹具有很强的时代气息。庆云古城内大部分传统民居为一、二层建筑，使用砖木结构和木门窗。建筑上砖雕精美，屋脊、梁柱、栏杆和门窗都讲究雕刻装饰，局部装饰见图 10-1-2。

2. 公共建筑

（1）泰山行宫。泰山行宫（图 10-1-3）坐落于庆云镇东侧漳卫新河以北，为庆云八景之一，建于明洪武六年（1373 年），占地面积约为 5 000 平方米，已有 600 余年的历史。

泰山行宫坐北朝南，建在 1.2 米高的台基上，建筑通高 7.7 米，为砖木结构，面阔 3 间，屋顶为硬山勾连搭式，正脊两端有吻兽，殿内正位供奉泰山奶奶。泰山行宫现存铃铛阁、主殿、古树、古井等古迹。铃铛阁是泰山行宫的附属建筑，为楼阁式建筑，宏伟轩昂，高 17 米，分上下 2 层，下为出入泰山行宫的拱门通道，上面阁楼采用歇山筒瓦顶，四周围廊，椽头悬铃，风起铃鸣，得名“铃铛阁”。

（2）庆云文庙。庆云文庙（图 10-1-4）为河北省文物保护单位，明洪武六年（1373 年）修建，内供孔子像，占地面积约为 900 平方米。庆云文庙为典型的三进院布局，由南至北依次为照壁、棂星门、泮池、名宦祠、乡贤祠、戟门；中院为大成殿、东庑、西庑、碑廊；后院为明伦堂、尊经阁、崇圣祠。大成殿为文庙（古称学宫）的主体建筑，坐北朝南，建在近 2 米高的台基上，为单檐庑殿琉璃瓦顶，正脊两端有吻兽，布瓦屋面局部施菱形绿琉璃瓦心，四角飞檐、朱漆门窗、梁架、外饰基本保持了明代的建筑风格。

图 10-1-1 庆云古城鸟瞰

图 10-1-2 局部装饰（组图）

铃铛阁

局部

图 10-1-3 泰山行宫

大成殿

东庑

图 10-1-4 庆云文庙

（3）明代衙署二堂。明代衙署二堂位于现庆云镇政府院内，是原庆云县衙的主体建筑之一，现为河北省文物保护单位，见图 10-1-5。衙署二堂建于明洪武六年（1373 年），历代维修使用至 1965 年，因区划变更，庆云县治迁至山东省（今山东庆云县），迁出时把衙署二堂留在盐山，现为镇政府展厅。衙署二堂面阔 5 间，约 16.5 米，进深约 9.5 米。建筑为硬山筒瓦顶，正脊两端有吻兽，除门窗外，堂内梁架、柱础均保持了明代的营造风格。衙署二堂以北 21 米、以南 30 米、东西各 3 米为保护范围。

3. 历史环境简介

（1）行宫古井。行宫古井（图 10-1-6）位于泰山行宫以东 20 米处，为庆云古井之一。相传，古井为东海龙生之地，龙生于井而潜于水，后腾空而至东海。泰山行宫三面环水，古时水面很大。井水清洌甘甜，传说因有东海龙王之灵，可救人疾厄。渔民出海之前常来祭拜，同时从井中取水放于船上，以求龙王庇佑。

（2）衙署古槐。衙署古槐（图 10-1-7）位于老县衙后院，此树为清朝乾隆年间县令完颜岱的夫人索卓尔氏于 1782 年种植。索卓尔氏随丈夫来到庆云镇，生活简朴，正直善良，时常提醒丈夫要勤政廉洁，应像国槐一样不为虫蛀，清香于世，并亲手植此槐。此树高 20 余米，树冠状如伞盖，覆盖面积约 300 平方米，至今已有 200 多年的历史，仍生机勃勃、青翠欲滴。

背面

正面

图 10-1-5 明代衙署二堂

图 10-1-6 行宫古井

图 10-1-7 衙署古槐

第二节 非物质文化遗产

盐山县有多项非物质文化遗产，涵盖曲艺、民间舞蹈、岁时节令等。

盐山“千童信子节”为国家级非物质文化遗产，是盐山县千童镇所独有的一种民间艺术活动。它起源于秦朝，秦始皇帝三十七年（公元前 210 年），方士徐福在饶安（今千童镇）招募千名童男、童女，百工，东渡不归，故乡父老举办信子活动，盼远出的亲人归来。后来，盐山县每逢甲子年的农历三月二十八举办一次信子活动，2 000 多年来，经久不衰。千童信子高达 12 米，由木杠、铁棍绑扎制成，竖杆的顶端用铁棍搭起空中舞台，台上有数名童男童女摆出各种各样的艺术造型。信子下端由 36 名壮汉抬着，由狮子舞、乐子和武术队开道，沿四街游行演出。1950 年，为庆祝中华人民共和国成立一周年，盐山县举办首届千童信子节。1996 年盐山县人大常委会做出决议，每 5 年举办一次千童信子节。

盐山武术扇舞是武术与舞蹈完美结合的民间舞蹈形式，1919 年发源于盐山县盐山镇刘红庙村，后逐步趋于成熟。武术扇舞表演时男女演员各半，多时 12 人，少时 2 人。武术扇舞将武术动作的豪放与舞蹈的曼妙融为一体，兼顾阳刚和阴柔之美。其出场、变场、踩点等均展示出演员深厚的艺术功底，他们时而轻点脚尖，时而舒臂翘肩，一收一展，情感充分体现，一抑一扬，形态婀娜洒脱，极具艺术魅力。

盐山竹板书俗称“呱嗒板子”，内容多为民间传说和历史故事，是河北省盐山县极具地域特色的说唱形式。盐山竹板书最大的特点是简洁灵活，随景编制，与观众互动，是曲艺界的轻骑兵。竹板书可由一人表演，表演者一手持竹板，一手持节子；也可由二三人表演，外加三弦、扬琴等乐器。其表演紧凑、生动活泼、有紧有慢，有高潮、有花腔，极富感染力，是河北省知名的曲艺形式。

第十一章 献县

献县隶属河北省沧州市，北靠京津，东临渤海，南通中原，西接石家庄，是京津冀都市圈、环渤海经济圈县市区之一。献县下辖 18 个乡镇（乐寿镇、河街镇、郭庄镇、淮镇、陈庄镇、陌南镇、韩村镇、高官乡、垒头乡、商林乡、小平王乡、南河头乡、段村乡、西城乡、十五级乡、本斋乡、张村乡、临河乡）、2 个街道办事处（平安街道办，京开街道办）和 1 个国营农场（梅庄洼农场），辖区内共有 500 个行政村，总面积为 1 173 平方千米。

第一节 南河头乡

南河头乡位于河北省沧州市献县城南部，距县城约 5.5 千米。乡政府驻地为南河头村。该乡北接献县县城，南接石黄高速公路出入口，交通十分便利。该乡有第六批全国重点文物保护单位——单桥。

单桥村

（一）村落概况

基本情况 单桥村位于献县城南约 6 千米，有“九省通衢”之称。单桥村由南、北单桥村组成。村内有单桥、京德古御道、关帝庙、药王庙、佛爷庙等诸多古迹、遗址，还有悦亲台遗址、天主堂等人文景点。单桥石桥位于村中央，始建于明末，完工于清初，因其多孔敞肩、不对称设计而成为世界桥梁史上的一绝。2008 年 11 月，单桥村入选河北省历史文化名村。

历史沿革 单桥村始于周。明宣宗平定汉王朱高煦叛乱，班师回朝，曾在单桥停驻，与群臣议事，屯兵于此。单桥村地处滹沱河南支与（北）京德（州）古御道的交叉处，自古即为南北交通要冲，是历代兵家必争之地。自明代以后，单桥历代都设有重兵把守。

（二）空间格局

滹沱河故道将单桥村分为南北两部分。南北龙街原为御道龙街，是过去的军事要道，弯弯曲曲犹如龙行一般，易守难攻，现为主街道。

（三）物质文化遗产

单桥村始建于西周，兴盛于元、明、清三代，现存历史建筑 10 余处，古街巷 5 条，传统建筑规模达 1 200 平方米，以南北大街、单桥、天主堂及清代四合院等为代表，建筑基本保存完好。

1. 传统民居

村中有多处保存较好的清末古宅，它们多为四合院式布局，聚隆缘故居为其典型。聚隆缘故居建筑的瓦当、砖雕十分精美，院落古朴，主体建筑多由青砖砌筑。单桥村的传统民居见图 11-1-1，传统建筑装饰见图 11-1-2。

2. 公共建筑

单桥村除了单桥外，还曾经拥有众多的庙宇和其他历史遗迹。关帝庙、药王庙、东大士庙、佛爷庙、龙王庙、火神庙、奶奶庙、土地庙、老门楼、龙街以及古井等文物古迹由于历史原因均遭破坏，耿家坑、悦亲台、天主堂等目前保存尚好。天主堂（图 11-1-3）建于 1899 年，为哥特式砖木建筑。教堂坐东朝西，东西长 15 米，南北宽 8.2 米，建筑面积为 123 平方米，可容纳百余人。天主堂建筑独特，瓦当、砖雕十分精美，但在“文革”期间，教堂受到很大破坏，钟楼和角楼均被拆除。

图 11-1-1 传统民居（组图）

图 11-1-2　传统建筑装饰（组图）

3. 历史环境简介

（1）单桥。单桥（图 11-1-4）建于明崇祯二年（1629 年），距今约有 390 年的历史，为五跨石拱桥，全长 69 米，桥面宽 9.6 米，面积为 662.2 平方米，整个桥身全部用青石筑成。引桥呈“八”字形，桥面两侧设栏板、望柱。单桥成功地汲取了我国古代拱桥特别是赵州桥、卢沟桥等著名石拱桥的建筑精华，具有独特的造型。单桥按地形水势设计，南高北低。桥面南坡缓，北坡陡，桥墩北侧比南侧矮 0.7 米；拱桥南 3 拱稍宽略高，并在拱与拱之间增添 4 个小腹拱，其独特设计减轻了石桥的重量，减弱了水流的冲击力，提升了泄洪能力，同时对桥身起到了保护作用，也增加了石桥的视觉美感。单桥大小 9 个拱顶的两端共雕饰着 18 个龙头，栏板、望柱上也雕刻着不同的动物图案，当地至今对单桥还有“三千狮子，六百猴，七十二蛟龙碑”的传颂。历经近 400 年，单桥桥身仍然稳固如初，2006 年 5 月 25 日，单桥被列入第六批全国重点文物保护单位。

图 11-1-3 天主堂

图 11-1-4 单桥（组图）

（2）古井。古井（图 11-1-5）为青砖砌筑，井台由石块砌筑，现已废弃不再使用。

（3）古树。村内的古树（图 11-1-6）为国槐，“大炼钢铁”期间被锯断，现为原根重生。

图 11-1-5 古井

图 11-1-6　古树（组图）

第二节　非物质文化遗产

单桥村的非物质文化遗产十分丰富，民俗活动有正月的祭桥、祭河，农历三月三、正月十五的关帝庙会，农历十月初一的祭炉等。手工技艺有草编及做虎头鞋、打铁等。每年的正月十五前后，单桥村的秧歌和鼓队会举行大规模的汇演。南口大鼓被列为河北省省级非物质文化遗产。秧歌、鼓队表演见图 11-2-1。

图 11-2-1　秧歌、鼓队表演